Felix Gruen

ICH ohne ANGST

Mit Innerer Kind Arbeit raus aus der Angst – eine Erfolgsgeschichte

 tredition®

www.tredition.de

© 2020 Felix Gruen

Verlag und Druck:
tredition GmbH, Halenreie 40-44, 22359 Hamburg

ISBN
Paperback: 978-3-347-04312-1
Hardcover: 978-3-347-04313-8
e-Book: 978-3-347-04314-5

Zu diesem Buch

Dieses Buch handelt von Angst. Der Angst im Allgemeinen und meiner Angst, die glücklicherweise zum größten Teil der Vergangenheit angehört. Es hat das Ziel, Ihnen einen Weg aufzuzeigen, mithilfe dessen es gelingen kann, den Stress, den dieses belastende Gefühl in unserem Gehirn auslöst und das Leben, meiner Erfahrung nach, höchst negativ beeinflusst, zu reduzieren.

Endlich wieder über mehr Energie für die Gestaltung eines freudvolleren, selbstbestimmteren Lebens zu verfügen, ist eine wunderbare neue Erfahrung, deshalb möchte ich Mut machen, Veränderung im Leben anzupacken, selbst wenn wir manchmal den Eindruck haben, in einer Sackgasse zu stecken. Es kann gelingen! Sie werden erfahren, dass der Weg der Veränderung eine positive Wendung in sich birgt.

In diesem Sinne ist das vorliegende Buch ein Ratgeber. Nicht im landläufigen Sinne – denn es rät nicht zur Selbsthilfe. Ich gebe ausschließlich den Rat, sich therapeutische Hilfe zu suchen und erkläre, warum dies notwendig ist. Daher eingangs der Verweis auf Albert Einstein. Denn ebenso, wie die Lösung eines Problems nicht mit der Denkweise gelöst werden kann, durch die es entstanden ist, so sind wir selbst auch nicht in der Lage, uns zu analysieren oder neue Problemlösungen zu finden. Dazu bedarf es anderer Lösungsansätze und Denkweisen.

Mein Lösungsweg war der der Neuropsychotherapie. Um diese spezielle Technik nachvollziehen zu können, fand ich es notwendig, komplexe Zusammenhänge in Bezug auf Psychologie und Neurobiologie in sehr einfacher Form zu erklären. So gesehen ist es auch ein Sachbuch. Von mir als Laien auf diesem Gebiet für Laien verständlich beschrieben.

Schlussendlich ist es ein Wegweiser zur Inneren Kind Arbeit, einem gewichtigen Bestandteil meiner Therapiearbeit. Welche Funktionen sie hat und wie auch Sie Ihre inneren Kinder kennenlernen und mit ihnen kommunizieren können, werde ich detailliert berichten.

Ich habe mich bemüht, verständlich und lebensnah auf der Basis meiner Erfahrungen zu schreiben. Die Berichte aus meinem Leben dienen der Bebilderung einer für viele Menschen zutreffenden oder ähnlichen Erziehung und Entwicklung – die Gespräche mit meinen inneren Kindern entstammen der tatsächlichen therapeutischen Arbeit. Ich hoffe, es ist mir eine für Sie gut lesbare, informative und motivierende Lektüre gelungen.

Inhaltsverzeichnis

„Probleme kann man niemals mit derselben Denkweise lösen, durch die sie entstanden sind.“

Albert Einstein

Vorwort

Angst bestimmte viele Jahre mein Leben und steuerte mein Verhalten. Bewusst bin ich mir dessen nie gewesen, war sie doch ein ständiger Begleiter – von Kindheit an. Darunter gelitten habe ich immer. Aber die Erkenntnis, dass der Grund meines Leids eine sich entwickelte generalisierte Angststörung war, kam erst, als die ständigen unerträglichen Belastungen von Ängstlichkeit, Schuldgefühlen und Selbstzweifel zu einem Burnout führten und ich Hilfe suchte.

Ich weiß, wie furchtbar ständige Angst ist, wie lähmend sie wirkt und wie viel Energie notwendig ist, um den Alltag trotzdem einigermaßen bewältigen zu können. Was für eine Befreiung war es daher, einen Weg aus diesem mich beherrschenden Gefühl zu finden. Es war meine Psychotherapie und die Inneren Kind Arbeit, die mir half, meine irrealen Ängste zu überwinden.

Als Betriebswirt und Unternehmer waren mir Kenntnisse mit Blick auf psychologische und neurobiologische Zusammenhänge weitgehend fremd. Vielleicht geht es Ihnen auch so. Wissen auf diesem Gebiet sammelte ich erst, als mich mein Zusammenbruch dazu zwang, den Kern des Übels aufzuarbeiten.

Das war der Impuls dieses Buch zu schreiben, denn ich würde mir wünschen, möglicherweise Betroffenen einen Wegweiser an die Hand zu geben, frühzeitiger als ich, Hintergrundwissen und Techniken kennenzulernen, um eine derartige Eskalation zu vermeiden.

Denn anhand meiner Entwicklung wird sichtbar, dass die Überwindung einer Angststörung möglich ist und wieder genügend Energie zur Verfügung steht, sein Leben selbstbestimmter und erfüllter zu gestalten. Dieses Ziel habe ich erreicht und es würde mich freuen, Sie zu ermuntern, es mir gleichzutun.

Ein weiterer Grund war, dass ich in den vergangenen Jahren einiges an Literatur gelesen habe, die von Menschen meiner Generation geschrieben worden ist und die sich in teilweise erschreckender Deutlichkeit und Offenheit damit auseinandersetzt, was die Erziehung der Nachkriegsjahre mit uns Kindern der Babyboomjahre gemacht hat.

Diese Texte beschreiben eine Kindheit und Jugend, die oft durch Desinteresse, Übergriffigkeit, Vernachlässigung und Gewalt seitens der Eltern geprägt gewesen ist – all das, was ich in sehr ähnlicher Form erlebt habe und was zu meiner Angststörung geführt hat. So drängte sich mir die Frage auf, ob es eine Systematik in den Auswirkungen unterschiedlicher Erziehungsformen auf das spätere Leben gibt?

Gibt es eine gesellschaftlich relevante Zahl an Betroffenen, die ähnliche Ängste durch negative Kindheits- und Jugenderfahrungen entwickelt haben? Und zwar unabhängig davon, ob sie meiner Generation angehören, jünger oder älter sind? Führen die Vernachlässigung von und das Desinteresse am Kindeswohl zwangsläufig zu ähnlichen lebensbehindernden Störungen wie bei mir?

Nach allem, was ich erkannt und gelernt habe, ist meine Antwort ja. Dadurch entstand der Wunsch, anhand meiner

Lebensgeschichte, die so vielen gleicht, verständlich zu machen, wie irrationale Ängste in unserer Psyche entstehen können, welche Auswirkungen sie auf das Leben der Betroffenen haben und wie man aus einer Angststörung herauskommen kann.

Vor allem hoffe ich verdeutlichen zu können, dass wir nicht dazu verdammt sind, unser Leben als unveränderbar an- und hinzunehmen.

Vom Wesen der Angst

Kann es so etwas wie ein Leben ohne Angst überhaupt geben? Wenn Sie sich dies beim lesen meines Titels – ICH OHNE ANGST – gefragt haben, dann ist Ihre Skepsis berechtigt. Die Antwort auf diese Frage ist jedoch nicht so einfach, wie man es vermuten sollte, denn wissenschaftlich gesehen kann man sie klar mit nein beantworten. Subjektiv-emotional gesehen, fühlt sich ein Leben ohne eine Angststörung jedoch so befreiend an, dass ich sagen konnte: Jetzt bin ich ohne Angst! Mit diesem Widerspruch zwischen einem Gefühl, geprägt durch die vielen Erfahrungen meines Lebens und der faktischen, biologischen, soziologischen und psychologischen Erklärungen des Phänomens Angst, beginne ich mein Buch, um ihnen das Wesen der Angst und ihrer zahlreichen Facetten näher zu bringen.

Zunächst die Biologie. Es gibt den alten Witz: Von den Vorfahren, die beim Anblick eines Säbelzahntigers nicht davongelaufen sind, stammen wir nicht ab. Richtig. Es waren die vorsichtigen, achtsamen Ahnen, die es geschafft haben, sich vor Gefahren in Sicherheit zu bringen, zu überleben und somit ihr Erbgut weitergeben konnten. Dieses Reaktionsvermögen, innerhalb kürzester Zeit eine Bedrohung zu erkennen und sich davor zu schützen, ist tief in unserem Erbgut verankert und wird von den Fachleuten Furcht genannt. Sie ist ein wichtiger Schutzmechanismus, der unserer Spezies über Jahrtausende das Überleben ermöglicht hat.

In unserer Alltagssprache kennen wir den Unterschied zwischen Furcht und Angst nicht, doch es ist mir wichtig, hier diese Unterscheidung zu machen, denn sie half mir, Ordnung in meine diffusen Bedrohungs- und Verunsicherungsgefühle zu bringen. Was ich lernte, war, dass Furcht das konkrete Gefühl vor einer realen Gefahr ist. Angst hingegen besteht aus einem allgemeinen Gefühl der Besorgnis und Bedrohung. In meiner Therapiearbeit, von der ich noch berichten werde, sortierten wir meine Gefühlszustände dann in reale oder irreale Angst, wir hätten auch Furcht oder Angst sagen können. Im Folgenden möchte ich bei dieser Einteilung bleiben, da sie uns vertrauter ist.

Wenn man den Begriff *Generalisierte Angststörung* genau analysiert, dann erklärt das Wort Angst-Störung schon das Wesentliche. Sie ist eine Störung des Furcht/Angst-Systems; die ursprünglich angelegte Schutzfunktion verwandelt sich in eine Überreaktion, in ein so gut wie generell wirkendes Gefühl von Gefahr. Diese Verwandlung entsteht durch starke, lang andauernde psychische Belastungen in Kindheit und Jugend. Sie ist eine Reaktion auf Stresssituationen, die vom Betroffenen in dieser Zeit nicht gelöst werden konnten. Eine hilfreiche Erkenntnis, denn damit eröffnete sich die Möglichkeit, etwas dagegen tun zu können, denn das, was ich erlernt habe, kann ich umlernen und das, was mich geprägt hat, kann ich abschwächen.

Begeben wir uns auf die Ebene der Soziologie, so wird die Sache komplexer, da sich reale und irreale Ängste häufig in den jeweiligen Gesellschaften vermischen. Eines der wenigen Worte aus dem Deutschen, das es in den englischen Sprachraum geschafft hat, ist: Angst und als „*German Angst*" berühmt. Es wurde zu einem der Alleinstellungsmerkmale unseres Landes bzw. der Deutschen. Eine Ursache waren die erlebten Katastrophen des vergangenen Jahrhunderts. Sie riefen eine allgemeine Besorgnis vor ihrer Wiederholung hervor. Und heute? Wie sieht es aus mit unserer Angst im 21. Jahrhundert? Der Soziologe Heinz Bude schreibt in seinem Buch „Gesellschaft der Angst": *„Angst kennzeichnet unsere Zeit, sie ist Ausdruck für einen Gesellschaftszustand mit schwankendem Boden. Was bedeutet, dass wir offensichtlich der Meinung sind, altgewohnte Sicherheiten oder Ordnungen in einer globalen Welt, die uns nicht nur unübersichtlicherer und fremder geworden, sondern durch zahlreiche neue Bedrohungen gekennzeichnet ist, verloren zu haben".* Noch komplexer wird das Thema, da z. B. Verschwörungstheorien, Fremdenfeindlichkeit oder die Sehnsucht nach der „guten alten Zeit" dazu führen, dass irrationale Ängste geschürt und politisch instrumentalisiert werden.

Ist Angst also ein deutsches Phänomen oder ein generelles unserer modernen Welt? Als es mir durch meine therapeutische Arbeit gelang, die Angst einmal ohne Angst vor ihr zu betrachten, erkannte ich in zahlreichen Gesprächen mit meiner Therapeutin, dass das Erlebnis Angst zu unserem Leben gehört und gehörte. Es gab sie immer, unabhängig von der Kultur oder der Fortschrittsentwicklung der Menschheit. Es sind lediglich die Angstobjekte, die sich änderten. Waren es früher Blitz, Donner oder Dämonen, welche die Menschen fürchteten, so ist es heute die Angst vor Umweltzerstörung, Terror, Digitalisierung oder Globalisierung.

All dies sind begründete, reale Ängste vor tatsächlich existierenden Gefahren. Es ist also eine Illusion zu meinen, ein Leben ohne Angst leben zu können.

Was jedoch mein eigenes und sicher auch das Leben vieler Menschen so schwer und belastend macht, ist die Fülle individueller Ängste, die mit den oben beschriebenen Szenarien nicht ausreichend erklärt werden. Solche Ängste werden uns nur punktuell bewusst, je nachdem, welche Ereignisse sie auslösen. Es sind die ganz subjektiven, durch unseren Lebensweg geprägten, das Maß der persönlichen Verkraftbarkeit übersteigenden Ängste, die das Thema meiner und der Geschichte vieler Leidensgenossen sind.

Mit dem Überwertigwerden alltäglicher Ängste, die uns im Gegensatz zu den allgemeinen Bedrohungen ständig begleiten, betreten wir das Gebiet der Psychologie. Diese beschäftigt sich sowohl mit den Ängsten, die nichts mit den wirklichen, realen Gefahren zu tun haben und daher eine hermetische, emotional schmerzhafte Weltsicht für die Betroffenen darstellen, als auch mit Entstehung und Verbreitung realer, zur Existenz des Menschen gehörenden Ängsten. Am bekanntesten hierfür ist sicher das Buch „Grundformen der Angst" des Psychologen und Psychoanalytikers Fritz Riemann, der diese Polarität großartig beschreibt. Auch wenn es schon 1961 auf den Markt kam, hat es kaum an Aktualität verloren. In diesem Buch wird anhand zahlreicher Beispiele dargestellt, dass, wer sich in den Fängen irrrealer frühkindlich gebildeter Ängste befindet, den Weg aus ihnen heraus nicht allein finden kann. Wer seine angstbehaftete Befindlichkeit ändern will, muss in die Lage versetzt werden, sie zu analysieren – sie von außen betrachten zu können. Das braucht Mut und Unterstützung, um die Angst vor der Angst zu durchbrechen, um dann schlussendlich bereit zu sein, sie als Begleiterin, im Positiven wie Negativen, unser aller Leben zu akzeptieren. Dazu abschließend ein Satz von F. Riemann: „*wenn wir den Aufforderungscharakter der Angst erkennen, über unsere jeweilige Entwicklungsstufe hinauszuwachsen in eine neue Freiheit, zugleich in eine neue Ordnung und Verantwortung, dann kann sie uns ihren positiven, schöpferischen Aspekt zeigen und zum Anstoß für eine Wandlung werden.*" (Fritz Riemann, Grundformen der Angst, 41. Auflage, Ernst Reinhardt Verlag).

Meine Geschichte

Der Moment, an dem sich alles änderte

Wie ich heute weiß, ist meine Geschichte eher typisch für Menschen, die lange Zeit in einer mehr als schwierigen Situation gelebt haben. Wie bei mir, holen sie sich oft erst dann Hilfe, wenn die individuellen Lebenssituationen kritische Formen angenommen haben und z. B. körperliche Probleme entstehen. Dies verbindet mein Erleben mit vielen Betroffenen. Die Wende kam durch eine selbstmörderische Flucht vor meinem diffusen Schmerz, der nicht mehr erträglich war. Nur durch glückliche Zufälle habe ich überlebt und bekam Hilfe von Freunden, einer Ärztin und meiner Psychotherapeutin.

Jetzt war es an der Zeit zu ergründen, welches die Auslöser für mein Unglück gewesen sind. Ich wollte wissen, welche Einflussfaktoren mich in meiner Kindheit und Jugend so geprägt haben, dass ich bis dato ein Leben geführt hatte, das nicht nur nicht an meinen Bedürfnissen orientiert gewesen, sondern lebensgefährlich war. Sie trieben mich zu einer falschen Berufs- und Partnerwahl und ließen mich zutiefst unglücklich und verzweifelt in selbstzerstörerische Verhaltensweisen abgleiten. Die Suche nach den Ursachen war ein Weg des analytischen Aufarbeitens meines Lebens, ein schmerzvolles Nachempfinden meiner Verletzungen und das Erkennen meiner neurotischen Persönlichkeitsstruktur.

Wie alles begann

Mit wenigen Ausnahmen habe ich keine positiven Erinnerungen oder Gefühle an meine Kindheit und Jugend. Bei dem Gedanken an mein Zuhause kommen Scham, Beklommenheit, Angst und Einsamkeit in mir hoch. Es herrschte eine Stimmung der bedrohlichen Kälte und Strenge, die mich umgab.

Besonders schlimm war es, wenn ich Nähe, Zuneigung oder Trost bei meinen Eltern gesucht habe – dies führte regelmäßig in eine Sackgasse, an deren Ende ich immer wieder einsam und verlassen dastand. Nicht nur in solchen Situationen fühlte ich mich unverstanden, hilflos, einfach anders; es war scheinbar unmöglich, so etwas wie glückliche Gefühle zu erleben. Denn wie jedes Kind war ich bedürftig nach Liebe – wurde jedoch mit dieser Sehnsucht allein gelassen.

Die Kälte zu Hause umgab mich wie ein Käfig. Als Kind mit hohem Bewegungsdrang liebte ich es, laut zu sein, ausgelassen herumzutoben, bis zur Erschöpfung. Dies war mit den Regeln in unserem Haus nicht vereinbar. Von mir verlangte man still und brav zu sein, damit meine Eltern nicht gestört wurden. Diese Disziplin war absolut – wie eine Zwangsjacke.

Der einzige Lichtblick waren meinen Großeltern mütterlicherseits und eine ältere Tante. Wären sie nicht gewesen, hätte ich nie das Gefühl von Anerkennung, bedingungsloser Liebe und Schutz kennengelernt. Sie schenkten mir die lebensrettende Geborgenheit, ohne die ich keinen gesunden und lebensbejahenden inneren Kern hätte entwickeln können. Sie waren eine Art Zuflucht – ich konnte aufatmen – wurde lebendig. Dort gab man mir nicht das Gefühl, zu laut oder lebhaft zu sein, ich konnte sein, wie es meinem Temperament entsprach und das Bedürfnis nach Wärme, Verspieltheit und Ausgelassenheit bekam seinen Raum. Ohne dieses Erleben wäre sicherlich noch größerer Schaden an meiner Entwicklung entstanden.

Das war alles. Ich war der jüngere von zwei Söhnen, dem meine Eltern 1964 das Leben geschenkt haben. Heute ist mir bewusst, dass dieser Begriff im Grunde genommen falsch ist, da meine Eltern vor allem sich selbst ein Geschenk gemacht haben. Denn so, wie der Gummibaum in unserem Wohnzimmer, der Doppelhaushälfte aus den 60er und 70er Jahren zur Wohnungseinrichtung gehörte, so gehörten eben auch zwei – auf keinen Fall mehr – Kinder zur Ausstattung der Wirtschaftswunderfamilie. Wir waren Dekoration im wohl komponierten Bild, das dem Ideal der damaligen Zeit entsprach und wir hatten zu funktionieren – Raum für Wünsche gab es da keinen.

Mein Vater war Eigentümer eines mittelständischen Baustoffhandels und hat es im Laufe der Jahre zu beträchtlichem Wohlstand gebracht. Schon als junger Mann wurde er gezwungen, im Familienunternehmen zu arbeiten. Eine schulische Ausbildung durfte er nicht abschließen; er litt deswegen zeitlebens unter starken Minderwertigkeitskomplexen. So wurde die Firma sein Lebensmittelpunkt, die Familie spielte eine untergeordnete Rolle und gehörte als gesellschaftlich notwendiges Aushängeschild dazu; auf jeden Fall war sie für ihn keine emotionale Angelegenheit.

Wie mir erst später bewusst wurde, belastete ihn seine Arbeit sehr, da er sich der Tradition und, wie er sich ausdrückte, seinen Ahnen verpflichtet fühlte. Er war es ihnen schuldig, das Unternehmen zum Erfolg zu führen. Aus dieser Quelle ergab sich konsequenterweise auch an uns die Forderung absoluter Ergebenheit. Zudem waren wir für ihn die Projektionsfläche seiner Nöte, die zu oft heftigen Stimmungsschwankungen führten und die an uns ausgelassen wurden.

Bei mir löste seine Willkür große Orientierungslosigkeit aus, ich hatte einfach keinen festen Boden unter den Füßen, konnte sein Agieren nicht vorhersehen und wusste nie, wann ich wieder einmal abgestraft werden würde. Nur eines war sicher, positive Reaktionen seinerseits gab es keine. Seine Kinder sah er nur selten und seine Ehefrau hatte mehr oder weniger den Status einer Hausangestellten; natürlich war sie materiell von ihm abhängig, was er sie gerne hat spüren lassen. Die Rollenverteilung war klassisch – er war der Ernährer und Gönner und wir hatten dankbar zu sein.

Wie sehr habe ich mir gewünscht, in meinem Vater einen abenteuerlustigen Kumpel zu haben, der mir hätte helfen können, einen Drachen oder ein Baumhaus zu bauen, der spannende Geschichten zu erzählen wusste, sich mutig und stark für mich einsetzte und mit dem man hätte reden können, ohne Angst zu haben. Aber in seiner Welt gab es nichts Kindliches, deshalb war es ihm unmöglich, eine Bindung zu mir aufzubauen. Mein Vater war unnahbar und blieb mir fremd. Bis heute geben wir uns ausschließlich die Hand, wenn wir uns begrüßen – mehr würde er niemals zulassen.

Meine Mutter war eine gebildete Frau mit internationaler Ausbildung. Sie heiratete meinen Vater, nachdem sie längere Zeit in Frankreich studiert und ihre erste Anstellung in Deutschland angenommen hatte. Sie war sehr darauf bedacht, sich angemessen zu verheiraten und mein Vater war der ideale Kandidat. Beide waren das perfekte Vorzeigeehepaar der Boom-Jahre, das sich gegenseitig in seinen Rollen bestätigte.

Da ihre Kindheit von großen Entbehrungen, Flucht und der langen Kriegsgefangenschaft ihres Vaters geprägt gewesen ist, suchte sie Halt, wollte versorgt sein. Im Grunde genommen wuchs sie vaterlos auf und musste viel zu früh Verantwortung für ihre Geschwister übernehmen, was sie sehr belastet hat. Ich denke, dass dies die Ursache für ihr geringes Interesse an uns, ihren eigenen Kindern war. Wir wurden zwar mit dem Nötigsten versorgt, doch darüber hinaus blieben wir uns selbst überlassen. Die Überforderung in ihrer Jugend war offensichtlich so stark, dass sie jede zukünftige Verantwortung innerlich ablehnte – wir waren daher schlicht lästig.

Sie verhielt sich ausgesprochen kühl. Körperliche Nähe konnte sie uns selten schenken. Nur wenn ich krank war, machte sie eine Ausnahme. In diesen Momenten, die ich geliebt habe, wurde sie fürsorglich, liebevoll und zärtlich. Heute ist mir klar, warum ich oft kränklich gewesen bin und das Bett hüten musste – es war die Sehnsucht nach Wiederholung.

Ansonsten war sie pragmatisch. Die Rolle als Hausfrau und Unternehmergattin garantierte ihr materielle Absicherung und Bewunderung in der Kleinstadt, in der wir lebten – das reichte ihr. Zumindest war dies das Bild, das sie mir immer vermittelt hat, denn ich kann mich nicht daran erinnern, dass sie jemals Wünsche formuliert hätte. Damit verstärkte sie mein Gefühl der Trostlosigkeit und der Einsamkeit, da es auch bei ihr keinen Raum für die Verwirklichung meiner kindlichen Sehnsüchte gab.

Bedeutung in ihrem Leben bekam ich erst Jahre später, als die Launen meines Vaters, immer unerträglicher wurden und sie mich als Partnerersatz gegen ihn ausspielte.

Im Gegensatz zu mir war mein wenige Jahre älterer Bruder ein sehr introvertiertes Kind. Da, wo ich unruhig und laut gewesen bin, war er ruhig und brav. Er war der Wonneproppen – einfach pflegeleicht; mir wurde vermittelt, dass er der Familie mit seinem sonnigen Gemüt viel Freude bereitete. Dieser Temperamentsunterschied wurde von meinen Eltern gerne genutzt, um uns gegeneinander auszuspielen, was zu einer deutlichen Entfremdung zwischen uns führte. Mein Anderssein wurde als Böswilligkeit, Renitenz und Uneinsichtigkeit ausgelegt, was tiefe Schuldgefühle in mir verankerte. Selbst bei noch so großer Anstrengung gelang es mir einfach nicht, so lieb und still zu sein, wie er. Offensichtlich war ich wohl schlecht, da meine Eltern aus ihrer Enttäuschung über mich keinen Hehl machten.

Eine engere Beziehung zu meinem Bruder entwickelte sich erst während der Pubertät. Doch das gegenseitige Gefühl der Fremdheit und des Unverständnisses ist bis heute geblieben.

Das erste Bild an meine frühe Kindheit ist ein weinender Junge im Laufstall. Ich bin etwa 3 Jahre, also bereits viel zu alt für einen Laufstall – dort hatte mich meine Mutter abgesetzt. Ich erinnere mich genau an die unüberwindbaren, cremefarbenen Gitterstäbe, das milchige Licht und die Kälte des elterlichen Schlafzimmers, vor allem aber daran, dass da niemand war! Meine Mutter hatte mich einfach abgestellt und allein gelassen. Mein Gefühl würde ich heute als Todesangst bezeichnen. Es war eine tiefe Verzweiflung und Hilflosigkeit, die Angst, nicht überleben zu können. Die Erinnerung, wie sich die Situation auflöste, oder was meine Empfindung war, als sie wieder zurückgekommen ist, fehlt. Doch das Bild blieb stellvertretend für mein Grundgefühl, ich war aus dem Weg geräumt, auf mich allein gestellt, lästig und hatte Angst.

Völlig anders war es, wenn das Kindermädchen kam, um mich zu betreuen. Sie war fröhlich, lachte immer und spielte mit mir. Es war wunderbar, wenn sie mich samstags badete und in den weichen Bademantel wickelte. Dies waren die wenigen Momente, in denen ich das Gefühl hatte, gemocht und wahrgenommen zu werden. Leider endete diese herrliche Zeit jäh, denn wir zogen um und sie kam nicht mehr zu uns.

Die Einschulung erfolge mit gerade sechs Jahren, zu einem Zeitpunkt, in dem ich sicherlich noch nicht die Schulreife erreicht hatte. Aus heutiger Sicht, kein Wunder, denn über die Basisversorgung hinaus, bekam ich keinerlei Förderung durch meine Eltern, deshalb überforderten mich die Ansprüche des Schulalltags. Da mein Bruder von Anfang an ein Musterschüler gewesen ist, hatten sie sich keine Gedanken darüber gemacht, wie es mir wohl ergehen würde. Wie ein Gepäckstück lieferten sie mich in der Schule ab und ich musste zusehen, wie ich damit zurechtkam.

Die Erinnerungen an die Grundschule sind für mich mit großer Verzweiflung und Scham verbunden. Bereits der erste Schultag begann mit einem Desaster. Die Lehrerin fragte uns nach den Vornamen unserer Eltern, aber ich konnte diese Frage nicht beantworten. Mir war nicht bekannt, was ein Vorname ist. Es war furchtbar, die mitleidigen Blicke der anderen Schüler auf mir zu spüren, ich hätte in Grund und Boden versinken können. Die Peinlichkeit wurde noch größer, als die Lehrerin mir sagte, sie würde die Namen im Sekretariat erfragen, sie mir dann mitteilen, damit ich diese für die Zukunft auch wisse. Über dieses Ereignis zu Hause zu sprechen, war unmöglich. Was für ein entsetzlicher Vorfall. Ich hatte mich – und damit meine Familie – blamiert.

Von Anfang an fühlte ich mich in der Schule verloren und hilflos, hatte Schwierigkeiten, mich zu konzentrieren und versuchte verzweifelt Schreiben zu lernen, was einfach nicht gelingen wollte. Zum Beispiel war es mir nicht möglich, bestimmte Buchstaben zu malen. Die Bitte um Hilfe wurde von meiner Mutter abgelehnt. Sie war mit anderen Dingen beschäftigt und ermahnte mich lediglich, ernsthafter zu üben und es so zu machen, wie mein großer Bruder, der doch auch alles gut hinbekam. Leider musste er zu dieser Zeit mehrere Monate im Krankenhaus verbringen, sodass Unterstützung seinerseits nicht möglich gewesen ist. Allein auf mich gestellt, konnte ich nicht verstehen, warum sie, die doch alles schon konnte, nicht helfen wollte. Ich hätte so sehr ihre Unterstützung benötigt, bekam aber nur Ablehnung.

Es blieb dabei. Sie weigerte sich, mir bei meinen Problemen mit den Hausaufgaben zu helfen. So saß ich dann da, wusste nicht, was ich machen sollte, bat sie erneut mir doch zu erklären, wie es weitergehen könnte, mit dem Erfolg, dass sie ihre Geduld verlor und mich mit einem Kochlöffel schlug. Zusätzlich drohte sie mir, dem Vater am Abend zu erzählen, wie ungezogen ich gewesen war – eine schreckliche Drohung. Seine Reaktion kannte ich bestens. Er würde mir Undankbarkeit, Widerspenstigkeit und Dummheit vorwerfen, dann – Schweigen. Er strafte oft mit Liebesentzug.

So zog ich mich immer weiter zurück, bat nicht mehr um Hilfe und lieferte lieber fehlerhafte Ergebnisse in der Schule ab, als mich der Lieblosigkeit meiner Mutter und der Angst vor dem Vater auszusetzen. Natürlich gab es dann schlechte Zeugnisse, was wiederum Anlass für Vorwürfe gab. Es war ein Teufelskreis von Angst und Scham, aus dem kein Weg herausführte.

Die Alltagserinnerungen an meinen Vater aus dieser Zeit sind blass. Im Gedächtnis blieb nur, dass er mich bei Familienfeiern einerseits stolz als zweiten „Stammhalter" vorführte, um gleichzeitig zu proklamieren, was für ein kleiner Dummerjan ich sei, der es im Leben nicht weit bringen würde. Ich wolle mich einfach nicht anstrengen, und wenn sich dies nicht ändern würde, käme wohl nur eine Karriere als Straßenkehrer für mich in Frage. Ich schämte mich, da es mir nicht gelingen wollte, den Erwartungen der Eltern gerecht zu werden.

Mein Vater hatte es auf mich abgesehen, das war nicht zu übersehen. Es mag sein, dass mein Bruder in seiner stillen Art einfach weniger Angriffsfläche geboten hat. Jedenfalls war immer ich das Ziel seiner Abwertungen – er betonte ständig, seine Enttäuschung über mich als Sohn. Nicht nur, dass ich dumm und unterentwickelt sei, meine Renitenz und mein Ungehorsam bekümmere ihn am stärksten. „*Du bist eine Last für deine Eltern*"! Dieser Satz war für mich derart vernichtend, dass er mir unauslöschlich im Gedächtnis haften blieb.

Aus heutiger Sicht bin ich der Meinung, dass er schon damals seine sadistischen Züge an mir ausgelassen hat, so wie er es auch noch Jahre später immer wieder getan hat.

Unbeirrt strengte ich mich weiter an. Mit allen mir zur Verfügung stehenden Kräften wollte ich so sein, wie es meine Eltern von mir verlangten, konnte es aber nie erreichen. Jede Errungenschaft, die ich stolz nach Haus trug, wurde entweder nicht zur Kenntnis genommen oder aber als Kinderkram abgetan. Ich war und blieb einfach schlecht. Dieses Bild hat mein Vater tief in mir verankert. Es war eine Stigmatisierung, die zu tiefen, stark behindernden Schuld- und Minderwertigkeitsgefühlen führte. Sie sollten mich einen Großteil meines Lebens begleiten.

Das Desinteresse meiner Eltern in Bezug auf meine weitere schulische Entwicklung erschüttert mich noch heute. Aufgrund der mittelmäßigen Zeugnisse stand für sie fest, dass ich auf die Hauptschule gehörte. Das war mein Platz. Es war ausschließlich einem glücklichen Zufall und der entschlossenen Intervention einer Freundin meiner Mutter zu verdanken, dass sie sich von ihr überreden ließen, mich im letzten Moment doch noch im Gymnasium anzumelden. Sie war Realschullehrerin und stellte somit eine Autorität dar. In diesem Fall bin ich der Autoritätsgläubigkeit meiner Eltern dankbar. Der Gedanke an ihre Gleichgültigkeit, dass sie diesen bedeutenden Schritt für mein Leben einer außenstehenden Person überlassen haben, macht mich noch heute fassungslos. Für sie blieb nach dieser Entscheidung nur die Mahnung, der Freundin dankbar zu sein, da sie mir den Schulwechsel schließlich ermöglicht hatte.

Also ging ich aufs Gymnasium, selbstverständlich auch dort mir selbst überlassen. Einzige Maßnahme ihrerseits, um dem kleinen Dummerchen zu helfen, war, dass ich mit Englisch anfangen durfte und nicht wie mein schlauer Bruder mit Latein.

Gute Zeugnisse wurden von der Familie mit Geld belohnt. Da es ab Note 3 nichts mehr gab, ging ich meistens leer aus und erntete statt Geld nur Kopfschütteln. Trotz größter Mühe, einigermaßen gute Ergebnisse abzuliefern, konnte ich an die Leistungen meines Bruders nicht herankommen, der nur Bestnoten nach Hause brachte. Die Zeugnisvergabe war daher regelmäßig beschämend, meine mittelmäßigen Leistungen lieferten für meine Eltern den ständigen Beweis meiner Dummheit.

In dieser Zeit der dauernden Niederlagen begann ich mich meinem Vater auf einem anderen Weg anzunähern. Ich wollte endlich seine Anerkennung. Mir war klar, dass die Schule nicht das richtige Mittel zum Zweck sein konnte, da sie für meinen Vater bis auf die halbjährlichen Zeugnisse ohne Bedeutung war. Das brachte mich auf die Idee, mich für sein Unternehmen und seine Arbeit zu interessieren und damit gleichzeitig den Konkurrenzdruck zu meinem Bruder loszuwerden, der kein Interesse an der Firma hatte.

Von da an wurde alle freie Zeit – insbesondere in den Ferien – von mir genutzt, um – wie mein Vater sagte – die Arbeit von der Pike auf, zu lernen. Wochenlang sortierte ich im Lager Waren, fegte Hallen und führte die schmutzigsten Hilfsarbeiten aus. Ab dem 12. Lebensjahr habe ich mich bis zur Erschöpfung mit Säcken und Eimern abgeschleppt und tagelang in den Abgasen der zu beladenden Fahrzeuge gearbeitet. Dafür gab es dann auch tatsächlich einen Lohn, der aber so knapp bemessen war, dass sich selbst unsere Buchhalterin darüber empörte. Mein Vater blieb unbeirrt! Er war der Meinung, dass ich dankbar sein solle, etwas zu lernen – überhaupt eine Entlohnung dafür sei bereits großzügig genug. Viele Jahre waren diese Tätigkeiten meine Freizeitbeschäftigung, erst mit etwa 16 Jahren wurde es etwas leichter, da er mir gestattete im Büro arbeiten zu dürfen. Hier sollte ich auch kaufmännische Abläufe erlernen.

All das ließ ich klaglos über mich ergehen, da mich die Hoffnung trieb, endlich einmal ein Lob meines Vaters zu erhalten. Was natürlich nie geschah – er würdigte meinen Einsatz nicht, eher suchte er immer wieder nach neuen Einsatzmöglichkeiten, die noch schmutziger oder körperlich anstrengender waren, als die davor. Stattdessen blamierte er mich gerne vor seinen Mitarbeitern, indem er mir Ungeschicklichkeit vorwarf oder mich abkanzelte, zum Beispiel wenn ich mit den Händen in den Hosentaschen durch das Lager gegangen war.

In Erinnerung blieb mir eine Begebenheit: Ich war 12 oder 13 Jahre alt. Da stellte er mir die Frage, ob ich wisse, in welchem der unterschiedlichen Geschäftsbereiche er wohl am meisten Geld verdienen würde. Eine schwierige Frage, denn ich hatte keine Vorstellung über die wirtschaftlichen Grundlagen seines Geschäftes. Nach einigem Überlegen war meine Antwort, dass das der Bereich sein müsse, der die größte Lagerfläche beanspruche. Für mich war es logisch, dass man eine solch große Lagerfläche wohl nur benötigte, wenn man damit auch entsprechend viel Geld verdienen könne. Die Antwort war falsch und damit ein unverzeihliches Missgeschick. Er empörte sich, dass ich wohl rein gar nichts vom Geschäft verstehen würde und wie sinnlos ich meine Zeit in seiner Firma vertrödelt habe.

Eine Erklärung, in welchem Bereich er am meisten Profit machte und warum meine Annahme falsch gewesen ist, gab er mir nicht. Wieder einmal war ich der dumme Junge. Nach der richtigen Antwort zu fragen, war mir unmöglich, ich wollte mir eine weitere Blamage ersparen.

Trotz aller Demütigungen tat mir mein Vater leid. Er beklagte sich ständig über die Last seiner Arbeit, die sein Leben so beschwerlich machte. All dies ertrug er nur, um uns, wie er sagte, ein schönes Zuhause zu ermöglichen. Ich wollte ihn trösten, ihm zeigen, dass ich an seiner Seite war, ihn unterstützte. Aus diesem Grund begleitete ich ihn so oft wie möglich in die Firma, denn ich wollte ihn durch meinen Einsatz bei seiner harten Arbeit entlasten. Erneuter Fehlschlag! Wieder vermittelte er mir das Gefühl der Minderwertigkeit, er lehnte mein Angebot mit der Begründung ab, dass ausschließlich er durch seinen übermenschlichen Einsatz in der Lage sei, diese Bürde zu bewältigen und ich nun wirklich keine Hilfe sei. Obwohl diese Herabsetzung schmerzte, gab ich nicht auf, im Gegenteil, mein Engagement steigerte sich. Er musste doch irgendwann erkennen, wie hilfreich meine Unterstützung war. Aber leider – es war vergebene Liebesmüh! Er blieb dabei – meine Bemühungen blieben unbedeutend – nur seine Leistungen konnten etwas bewirken. Mein Selbstwertgefühl hat er damit stark beschädigt, denn es gab nie eine Erklärung, warum das, was ich mit so viel gutem Willen und Einsatz versuchte, nicht hilfreich oder wertvoll sein konnte. Die Auswirkungen dieser langjährigen, verletzenden Erfahrungen haben mich fast mein gesamtes Leben lang beeinträchtigt, im Beruf und im Privaten. Es hinterließ bei mir den Zwang: Du musst Dich anbieten und über alle Maßen anstrengen – immer! -damit überhaupt eine Chance entsteht zu genügen.

Bei uns zu Hause herrschte meist eine Stimmung der nervösen Anspannung und des „Hab acht"! Wenn unser Vater mittags zum Essen kam, waren mein Bruder und ich in Alarmbereitschaft, um die Garage rechtzeitig zu öffnen, wenn sein Wagen zu hören war. Wir wollten ihn milde stimmen, da wir nicht wissen konnten, in welcher Laune er gerade war. Seine Willkür war angsteinflößend. Wann genau er zum Essen kommen würde, blieb unklar. Oft warteten wir stundenlang hungrig auf ihn – dann traf es mich, im Büro anzurufen, um nachzufragen, wann er denn käme. Meine Mutter traute sich dies nicht. Mit Glück war seine Sekretärin am Apparat, wenn nicht, musste ich mir anhören, warum ich die Unverschämtheit besitze, ihn bei der Arbeit zu stören. Auf die Idee, eine Verspätung anzukündigen oder aber uns vorab essen zu lassen, wäre er nicht gekommen.

Häufig passierte es, dass er wortlos das Haus betrat, das Essen hinunterschlang und sich für eine kurze Zeit der

Mittagsruhe zurückzog. Dies war dann ein Moment, in dem kein Geräusch gemacht werden durfte und wir schlichen auf unsere Zimmer. Jede Störung war ein persönlicher Angriff auf ihn, zeigte sie doch wieder einmal, wie respektlos und undankbar wir ihm gegenüber waren. Einmal rief ein Schulfreund während seiner Mittagsruhe an. Wie vom Blitz getroffen stürzte ich zum Telefon, aber es war zu spät. Mein Vater war schon auf den Beinen und machte mir größte Vorwürfe über die Schamlosigkeit dieses ja wohl asozialen Freundes. Mit einem Minimum an guter Erziehung hätte er keinesfalls in der Mittagszeit angerufen. Der Freund bekam Hausverbot und mein Vater sprach die kommenden Tage kein Wort mehr mit mir. Seine Ungerechtigkeit war zum Verzweifeln. Ich konnte nichts für dieses Telefonat – aber das zählte nicht. Mein Umgang mit den falschen Menschen zeigte wieder einmal meinen schlechten Charakter.

Zuhause – das war ein hermetisch abgeriegelter Raum, der für Außenstehende tabu war. Es war das Reich meines Vaters. Darum hatten mein Bruder und ich so gut wie nie Freunde bei uns zu Besuch, denn wir wollten uns auf keinen Fall der Gefahr aussetzen, einen Kumpel einzuladen, den mein Vater kritisch beäugen konnte, um ihn dann womöglich selbstherrlich jederzeit aus dem Haus zu werfen.

Auch meine Eltern hatten keine Freunde oder Bekannte, die sie besucht hätten. Abgesehen von einigen geschäftlichen Abendessen, die jeweils zu panikartigem Aktivismus meiner Mutter führten, hatten wir nie Gäste. Das Haus war der Ruhepunkt meines Vaters, es war seine Trutzburg, in die niemand einzudringen hatte.

Um dem väterlichen Terror zu entkommen, zog ich mich nach den gemeinsamen Mahlzeiten leise auf mein Zimmer zurück oder ging zu Nachbarskindern. Dort herrschte eine beneidenswert andere Stimmung. Es gab tatsächlich Eltern, die mit ihren Kindern spielten, für die es selbstverständlich war, dass Freunde vorbeikamen, um gemeinsam mit der Familie etwas zu erleben. Diese Momente der wärmenden Ausgelassenheit liebte ich sehr, da sie zu den wenigen Lichtblicken in meinem so tristen, streng disziplinierten Leben gehörten.

Irgendwann begann ich zu klauen. Die Villa meiner Großtante war eine Fundgrube kleiner Kostbarkeiten, die mich magisch anzogen. Antike Münzen, wertvolle Figürchen und kleine Schmuckstücke hortete ich wie einen Schatz in einem Versteck auf dem Speicher. Stundenlang verbrachte ich damit, sie immer wieder neu zu sortieren und mit ihnen zu spielen. Dieser Schatz war mein Geheimnis – eine eigene Welt.

Heute ist mir klar, dass es nicht die Erregung des Diebstahls gewesen ist, die mich getrieben hat, sondern Kompensation. Ich schuf mir mein kleines Universum, das Geborgenheit und Wärme erzeugte – etwas, was mich über mein Unglücklichsein und meine Einsamkeit hinwegtröstete. Ich hatte Glück, unentdeckt geblieben zu sein und mag mir die Reaktion meiner Eltern nicht vorstellen, wenn sie mich erwischt hätten.

Mit 13 Jahren wurde mir erstmalig ein brennender Wunsch erfüllt. Ich durfte Reiten lernen. Der Anfang war wunderbar, da ich mich in der Gruppe neuer Freunde ausgesprochen wohlfühlte. Die Arbeit mit den Pferden machte Spaß und wegen meiner guten Leistungen sowie meines großen Lerneifers bestand ich alle notwendigen Prüfungen mit Bestnoten und stieg stolz in die höchste Klasse auf. Endlich einmal gelang mir etwas richtig gut. Doch zu meinem großen Unglück nahmen meine Eltern keinerlei Notiz davon.

Meine Karriere als Reiter habe ich wenige Jahre später resigniert beendet. Eigentlich wäre ein eigenes Pferd oder aber eine Reitbeteiligung notwendig gewesen, um mein Leistungsniveau steigern zu können aber daran war nicht zu denken. Ich bekam nicht einmal lederne Reitstiefel. Der bedauernswerte Junge mit den Gummistiefeln, dessen Eltern sich nichts anderes leisten konnten, war ich.

Eine Reitbeteiligung wurde von meinem Vater kategorisch abgelehnt. Sein Argument war, dass bei meiner Unzuverlässigkeit ein solches Investment zu riskant sei. Niemals würde ich eine solche Verantwortung tragen können.

Dass mein Bruder zur gleichen Zeit einen Steinway Flügel bekam, verletzte mich zutiefst. Er hatte aus Sicht meiner Eltern bewiesen, dass er an seinem Klavierspiel hart arbeitete. Das konnten sie ja jeden Tag hören. So etwas traute man mir natürlich keinesfalls zu und ein Flügel fraß ja auch kein Stroh. Das war die Begründung meines Vaters.

Einerseits war es seine Missgunst, die es ihm nicht gestattete, mir etwas so Luxuriöses zu ermöglichen, was in seiner Jugend ausgeschlossen gewesen war. Aus heutiger Sicht ist mir der Zusammenhang klar. Natürlich, eine Reitbeteiligung wäre kostspielig gewesen – das war mir damals schon bewusst – der Grund seiner Ablehnung hatte aber nichts mit der finanziellen Belastung zu tun, diese wäre ohne weiteres möglich gewesen. Andererseits ging es für ihn um den persönlichen Nutzen. Mit einem Sohn, der ritt, hätte er nicht glänzen können, im Gegensatz zu einem jungen Klaviervirtuosen am Flügel, den man stolz vorführen konnte.

Mein erfolgloser Kampf führte dazu, dass ich immer schweigsamer wurde, innerlich verzweifelt und wütend. Nichts davon durfte sichtbar werden, da jede noch so geringe Trotzreaktion zu unkontrollierbaren Wutausbrüchen oder tagelangen Schweigesanktionen führen konnten. Jetzt war ich in der Pubertät und lehnte meinen Vater vollständig ab.

So wechselte ich die Seiten und bemühte mich wieder um die Aufmerksamkeit meiner Mutter – immer noch auf der Suche nach Zuwendung. Wir hatten gerade in der Schule einen sehr interessanten Kunst- und Deutschunterricht – ich hatte mit Französisch begonnen und konnte damit ihr Interesse wecken. Wir hatten gemeinsamen Gesprächsstoff.

In diesem Zusammenhang blieb mir eine Situation, nach dem Abendessen, bis heute in Erinnerung. Wie so oft, hatte ich mich schleunigst auf mein Zimmer zurückgezogen, um die Anwesenheit des Vaters nicht länger ertragen zu müssen. Auf einmal hörte ich ihn laut auf meine Mutter einreden – fast schreien. Er machte ihr bittere Vorwürfe, wie wenig Interesse sie an seiner Arbeit hätte, ihn kaum unterstütze und wie lieblos sie mit ihm umgehe. Er war aufgebracht, denn die neue Nähe zwischen meiner Mutter und mir missfiel ihm extrem.

Sie war in seinen Augen eine Abwertung seiner Person und eine gezielte Entfremdung seiner Söhne. Lautstark empörte er sich darüber, dass er tagsüber unendlich hart arbeiten müsse, während zu Hause über „künstlerische Themen" diskutiert würde. Die Situation eskalierte, bis meine Mutter in Tränen ausbrach.

Jetzt hasste ich meinen Vater und empfand tiefes Mitgefühl für meine Mutter. Der Schmerz verband mich mit ihr – endlich war ich nicht mehr allein mit meiner Verzweiflung. Sie wurde zu meiner Verbündeten und zum Ventil für Enttäuschung und Wut.

Aufgrund meiner inzwischen sehr guten Französischkenntnisse begann ich mit ihr, die ja in Frankreich gelebt hatte, Französisch zu sprechen. Das war meine Rache. Ihm unsere ganz spezielle, besonders enge Beziehung zu demonstrieren, ohne dass er ein Wort verstand! Er hatte meine Suche nach väterlicher Nähe abgelehnt, jetzt zeigte ich in aller Härte meine Ablehnung.

Die Rachestrategie ging auf, denn dass er unter seiner begrenzten Schulbildung litt, war mir bekannt. Was für eine Genugtuung, ihm das Tag für Tag vor Augen zu führen. Kunstverständnis, Allgemeinbildung und Fremdsprachen waren genau das richtige Mittel, ihn bis zur Weißglut zu provozieren. Ein erster Erfolg?

In dieser Zeit zog mich meine Mutter ins Vertrauen. Sie erzählte von den Enttäuschungen, die ihr ihr Ehemann bereitete. Niemals wurden ihre Wünsche berücksichtigt, ihre Arbeit wurde als minderwertig abgetan und mein Vater hielt sie finanziell ausgesprochen knapp. Immer wieder musste sie als Bittstellerin an ihn herantreten, wenn sie zum Beispiel neue Garderobe für die Geschäftsreisen mit meinem Vater benötigte. Sie war oft seine Begleiterin. Wie gut konnte ich ihre Gefühle nachvollziehen – mir ist es ja nie anders ergangen. So entstand in mir der Eindruck, dass sie endlich auf meiner Seite war und mich unterstützte.

Der Gipfel unserer Vertrautheit war ein silbernes Armband. Sie hatte viel von ihrer Zeit in Paris erzählt, wo sie eine umschwärmte junge Frau gewesen war und sich ausgiebig mit Kunst und Kultur beschäftigen konnte. Weil ich einem ihrer damaligen Verehrer ähnelte, der ebenfalls ein solches Armband trug, machte sie mir dieses Geschenk. Ich war selig – endlich wurde ich von meiner Mutter wahrgenommen und sie verband mit mir ähnlich positive Gefühle wie die, welche sie in ihrer schönsten Zeit gehabt hatte.

Aber mein Glück war nur von kurzer Dauer. Von einem Tag auf den anderen wandte sie sich wieder von mir ab. Das erste Mal das Gefühl, eine wirkliche Bindung und Nähe zu ihr gespürt zu haben, wurde zerstört und alles war wieder wie gehabt. Es gab keine anregenden Gespräche mehr, sie zog mich nicht mehr ins Vertrauen, sondern wies mich ganz einfach ab. Auf einmal standen die Interessen meines Vaters wieder an der ersten Stelle. Bergsteigen, das sie nie gemocht hatte, entwickelte sich plötzlich zu einer Lieblingsbeschäftigung, die früher von ihr nur mit Widerwillen unternommenen Geschäftsreisen wurden zu einer angenehmen Abwechslung im grauen Alltag. Ich war plötzlich wieder überflüssig.

In mir brach eine Welt zusammen. Ihr Verhalten machte mich fassungslos. Nicht nur meine Rachestrategie brach in sich zusammen, sie hatte mich verraten und schickte mich zurück in meine verzweifelte Isolation.

Heute kann ich ihr Verhalten sogar nachvollziehen. Sie hatte mich in einer Ehekrise als Partnerersatz instrumentalisiert, da sie die Rücksichtslosigkeit und Brutalität meines Vaters nicht mehr ertragen konnte. Doch nach der heftigen Reaktion meines Vaters sah sie keinen anderen Ausweg aus ihrer Situation, außer sich vollständig unterzuordnen, um so ihre materielle Sicherheit und soziale Stellung zu retten. Unser Bündnis gegen den Patriarchen wurde plötzlich zu einer Bedrohung ihres Lebensmodells. Deshalb ließ sie mich einfach fallen. Was dies mit mir machen würde, war ihr offensichtlich gleichgültig.

Mein Vater blieb sich treu. Insbesondere in der heftigsten Phase meiner Pubertät stellte er mich ständig vor anderen Menschen bloß, spottete über meinen ersten Bartwuchs oder den Stimmbruch. Da meine Eltern mir nie das

Gefühl gegeben hatten, wertvoll oder gar liebenswert zu sein, war mein Selbstwertgefühl so gut wie nicht mehr vorhanden. Zwangsläufige Entwicklung oder Absicht?

Jedenfalls hätte ich sowieso schon vor Scham im Boden versinken können, denn ich wusste nicht, was mit meinem Körper geschah – die ersten Erektionen hatten mich erschreckt, die Hautunreinheiten konnte man sehen, die Veränderungen der Stimme hören, der Adamsapfel wuchs, die Verwirrung konnte nicht größer sein. Anstatt mir zur Seite zu stehen, machte mich mein Vater lächerlich und verletzte mein Schamgefühl. Heute würde ich sagen, dass er sowohl als Vater, als auch als Mensch komplett versagt hat.

In der Oberstufe begann endlich eine gute Phase für mich. Welch eine Erlösung – ich konnte es kaum glauben. Das Kollegium wurde durch einige junge Lehrer aufgefrischt, die voll von Enthusiasmus und neuen Ideen waren. Mit den Leistungskursen Deutsch und Französisch hatte ich Fächer gewählt, die meinen Neigungen entsprachen, da Literatur seit frühester Jugend mein innerer Rückzugsort gewesen ist.

Von Molière bis Kafka hatte ich alles gelesen, ging dabei enzyklopädisch vor, denn meine Idee war, dass es vielleicht eine umfassende Bildung sein könnte, die mir Sicherheit und einen festen Boden unter den Füßen geben könnte. Dies zahlte sich aus. Plötzlich war aus dem Minderbegabten ein Kursbester geworden und die Noten verbesserten sich sprunghaft. Am verblüffendsten daran war, dass mir der Lernstoff Freude bereitete, denn die Inhalte begeisterten und berührten mich. Der Platz unter Gleichgesinnten stärkte mein Ego und erstmals entwickelte ich ein Gespür für meine individuellen Begabungen.

Schon lange hatte ich das Gefühl, dass es nicht Mädchen waren, die mich reizten. Ich hatte zwar zaghafte Annäherungsversuche mit einer ersten Freundin gewagt, aber Männer waren anziehender. Merkwürdigerweise erschütterte mich dies nicht, vielleicht war es die tiefe, von meinen Eltern jahrelang eingeimpfte und von mir übernommene Idee der Andersartigkeit, die es mir in diesem Fall leicht machte zu akzeptieren, was ich spürte. Ich war eben auch sexuell anders und hatte schon mit 16 mein Coming Out, zumindest für einen Kreis von Eingeweihten.

Damals gab es in unserer Kleinstadt einen Zeitungskiosk, der – wie allgemein bekannt – von zwei schwulen Männern geführt wurde. Einer der beiden lockte – aus heutiger Sicht zweifelsohne missbräuchlich – die jungen Männer des nahegelegenen Gymnasiums mit eindeutigen Absichten in sein Geschäft. Endlich ergab sich der erste, heiß ersehnte Sex mit einem Mann und es fühlte sich richtig gut an.

Erstaunlicherweise gab es in unserem beengten Umfeld für einen schwulen Jugendlichen viele Möglichkeiten, seine Neigungen auszuleben, was ich auch ausgiebig tat. Was folgte, war eine Phase der fast unbegrenzten sexuellen Freiheit. Es gelang mir, mich auszuleben, trotz der strengen Aufsicht meiner Eltern. Natürlich wurden sie von mir belogen; ich erfand Ausreden über meine abendlichen Ausflüge und kletterte notfalls aus dem Zimmerfenster meines Bruders, um meinen Abenteuern nachzugehen.

Dies war die Zeit, in der mein Bruder und ich ein erstes Vertrauensverhältnis entwickelten. Auch er fühlte sich zu Männern hingezogen und diese Gemeinsamkeit brachte uns einander näher. Ein starker älterer Bruder war er mir aber trotzdem nicht, da er sich noch weniger als ich traute, seine Gefühle zu offenbaren oder auch nur im Geringsten mit meinen Eltern in Konflikt zu treten. Er blieb still, zurückgezogen und spielte Klavier.

In der Schule hatte ich keine Probleme mit dem Coming Out. Jedes erklärende Gespräch mit meinen Freunden ist zwar eine Mutprobe gewesen, doch die Reaktionen waren durchweg positiv. Sie unterstützen mich uneingeschränkt auch solchen Mitschülern gegenüber, die Vorurteile gegen Homosexuelle hatten. Wie beglückend war das Gefühl, endlich einmal Anerkennung für mein Anderssein zu erfahren – etwas, was ich in meinem familiären Umfeld nie erlebt hatte.

Wenig später spürte ich die Pflicht, meinen Eltern reinen Wein einzuschenken. Ich hatte mich heftig in einen jungen Mann verliebt, befand mich in einem Hochgefühl des Glücks und hoffte naiver Weise auf ihr Verständnis. Meine erste große Liebe! Das war eine so grundlegende emotionale Erschütterung, das mussten sie doch verstehen!

Aber – wie hätte es anders sein können – auch diese Hoffnung erfüllte sich natürlich nicht. Meine Mutter brach in Tränen aus und sprach nicht mehr mit mir. Mein Vater brachte alles auf eine vermeintlich rationale Ebene. Homosexualität war für ihn kriminell, abartig und inakzeptabel, er lehnte es ab, sich weiter mit diesem Thema – und damit mit mir – zu beschäftigen.

Eine Reaktion gab es dann aber doch noch von ihm: Unternehmensanteile, die von einem ausscheidenden Gesellschafter eigentlich auf meinen Bruder und mich hätten übertragen werden sollen, wurden auf meinen Vater übertragen. Er war der Ansicht, als Homosexueller sei ich erpressbar und halbseiden, somit ein Risiko für sein Unternehmen. Erneut wurde ich mit der vollen Härte seiner Macht und der Kälte meiner Mutter konfrontiert. In einer für jeden Jugendlichen hoch emotionalen Lebensphase lehnten mich meine Eltern nun auch noch in meinen intimsten Gefühlen ab.

Es folgte die Flucht in die Drogen. Rausch wurde mein Ausweg, um die Trostlosigkeit, die mich umgab, erträglicher zu machen. Da wir in der Nähe der holländischen Grenze lebten, war der Zugang zu jeder Art von „Stoff" einfach. Bis hin zu Heroin habe ich alles ausprobiert und es grenzt an ein Wunder, dass ich nicht in die totale Abhängigkeit geraten bin.

Drogenkonsum war das Horrorszenario für meine Eltern, vor dem sie immer wieder warnten. Umso deutlicher ist mir eine Begebenheit in Erinnerung, die widersprüchlicher nicht hätte sein können. Ich hatte vergessen, eine

Pfeife und Haschisch in meinem Zimmer zu verstecken. Meine Mutter entdeckte beides, ordnete säuberlich meine Utensilien nebst Schulsachen auf meinem Schreibtisch und ließ die Sache auf sich beruhen. Natürlich weiß ich nicht genau, ob ihr klar war, um was es sich bei den Gegenständen handelte. Ich vermute jedoch, sie war mit dem Problem überfordert. Wahrscheinlich hoffte sie, dass sich die Angelegenheit irgendwie von selbst erledigen würde. Ihr so gut trainierter „Kopf in den Sand"-Mechanismus war mit großer Wahrscheinlichkeit der Grund für ihr Verhalten.

Die Verdrängungsleistungen meiner Eltern waren meisterhaft. Zehn Jahre nach meiner „Offenbarung" sprach mich mein Vater darauf an, wie es denn sein könne, dass ich noch unverheiratet sei und fiel aus allen Wolken, als ich antwortete, ihm bereits mit 17 meine Homosexualität eröffnet zu haben. Meine Mutter bestätigte dies während des Gespräches – er war aber fest davon überzeugt, noch nie davon gehört zu haben. Seiner Meinung nach war es wieder einmal eine Intrige von uns gegen ihn.

In den letzten Jahren vor dem Abitur verschärfte sich die Situation für mich zu Hause, da ich diese alleine mit meinen Eltern verbrachte. Mein Bruder war bei der Bundeswehr, nun gab es niemanden mehr, mit dem ich mich verbunden fühlte. Nach der ersten Annäherung zwischen uns war dies besonders bedrückend.

Er hatte sich dazu entschieden, Regisseur zu werden und später in München zu studieren. Wir waren mehr als erstaunt darüber, dass unsere Eltern diese Entscheidung akzeptierten. Weiter entfernt von ihrer Welt, besonders der meines Vaters, konnte die Berufswahl Theaterregisseur nicht sein. Eigentlich hätte er als Erstgeborener die Unternehmensnachfolge antreten müssen – zumindest ist diese Erwartung unterschwellig immer zum Ausdruck gekommen – davon war jetzt aber keine Rede mehr. Ihm wurde gestattet, sich seinen Berufswunsch zu erfüllen und mir schwante, dass ich nun für ihn einspringen müsste. Zunächst hoffte ich noch, dass es auch mir gestattet sein würde, Literatur und Kunstgeschichte zu studieren, da dies mein Herzenswunsch war. Ich erkundigte mich heimlich bei verschiedenen Universitäten und Museen, um schon einmal die beruflichen Möglichkeiten auszuloten. Es war klar, dass meine Pläne keine Begeisterung auslösen würden, doch ein Fünkchen Hoffnung blieb, da sie ja der Wahl meines Bruders auch zugestimmt hatten. Aber es kam, wie es kommen musste – bei mir wurde mit anderem Maß gemessen.

Jetzt hatte mein Vater seinen ganz großen Auftritt und konnte wieder einmal seinen Vortrag über Pflicht und Dankbarkeit halten. Für ihn gab es so etwas wie einen freien Willen in der Berufswahl, für mich nicht. Ich musste gehorchen! Nachdem der Stammhalter, als der eigentlich prädestinierte, andere Wege gehen würde, sei nun das Los auf mich gefallen, auch wenn er sich nicht sicher sei, ob ich den Anforderungen dieser so anspruchsvollen Aufgabe überhaupt jemals gewachsen sein würde. Der Druck, unter den er mich setzte, war enorm. Einmal mehr wurde mir

Undankbarkeit und Anmaßung vorgeworfen, da auch ich eigene Wege gehen wollte.

Missgunst und Macht trieben ihn – das ist mir heute klar. Warum sollte es mir anders ergehen, als ihm in seinem Alter, da auch er keine Wahl gehabt hatte. Er musste sich damals dem Unternehmen und der Familientradition beugen, so verlangte er nun auch von mir absolute Ergebenheit. Es war wie all die Jahre zuvor, ich war das Ziel seiner Aggressionen und sadistischen Persönlichkeitsstruktur. Das sollte nicht das letzte Mal sein, mich dieser psychischen Gewalt nicht entziehen zu können.

Die schlimmsten Albträume hatten sich bewahrheitet, es gab keinen Ausweg aus dem Familiengefängnis. Das erste Mal in meinem Leben spielte ich mit dem Gedanken abzuhauen oder mich umzubringen. Aber ich traute mich nicht. Meine Verzweiflung wurde umso größer, weil ich mich als kompletten Versager fühlte, der unter dem Druck der Eltern einknickte.

Die Drogen halfen. Ich betäubte mich, um sowohl die Gegenwart als auch die Zukunft zu verdrängen. Jetzt ging es nur noch darum, so schnell wie möglich das Abitur und die unvermeidliche Bundeswehr hinter mich zu bringen, um danach schleunigst aus dem Elternhaus zu fliehen. Bei dem Gedanken an diese grauenvolle Zeit schwanke ich heute zwischen Bewunderung und Unverständnis- wie habe ich das alles überhaupt überstehen können?

Offensichtlich reichte meine Kraft, wahrscheinlich gerade wegen der widrigen Umstände zu Hause aus, doch noch genügend Energie freizusetzen, um mich auf das Abitur zu konzentrieren. Der Stoff meiner Lieblingsfächer war nach wie vor etwas, das mich faszinierte und half, die Gedanken an mein drohendes, düsteres zukünftiges Leben wenigstens zeitweilig zu verdrängen. Das Resultat – ein sehr guter Abschluss. Das tat richtig gut.

Weniger erfreulich war, dass es für meine Eltern indiskutabel war, den Wehrdienst zu verweigern; an der Bundeswehr führte also kein Weg vorbei. Ich machte das Beste daraus, und so gelang es mir, durch geschicktes Taktieren, einen Platz in der Personalabteilung zu ergattern. Glücklicherweise herrschte dort ein lockerer Umgang unter den Kammeraden, mit denen ich ein freundschaftliches Verhältnis aufbauen konnte. Die 18 Monate vergingen für mich eher positiv.

Was mein Studienfach anbelangte, so gab es auch hier keine Wahl. Als Vorbereitung für meine zukünftige Rolle als Firmennachfolger kam nur ein BWL-Studium infrage. Mir war inzwischen alles egal – ich war so mürbe.

Jetzt begann die Flucht aus dem verhassten Gefängnis. Bei der Vergabe der Studienplätze musste man sich bei einer Zentralstelle bewerben, und meine Präferenz war Berlin. Dies hatte ich meinen Eltern verschweigen können. Natürlich wollten sie mich gerne in ihrer Nähe haben, um auch weiterhin Kontrolle ausüben zu können, doch das kam für mich nicht infrage. Inzwischen wusste ich, dass, wenn ich Berlin wählte, mir dort ein Studienplatz sicher war, da die Universität zu diesem Zeitpunkt einen denkbar schlechten – politisch linken – Ruf hatte. Das passte bestens zu meinem Plan, mir ging es wahrlich nicht darum, an einer Eliteuniversität BWL zu pauken – mein Interesse an diesem Fach war gleich Null. Diese Zeit sollte eine Auszeit werden, da ich wusste, wohin mich das Studium unweigerlich bringen würde. Berlin schien die ideale Stadt zu sein, da es kaum einen Studienort gab, der weiter vom verhassten Elternhaus entfernt lag, außerdem war dort alles anders: frei, verrückt und anarchisch, so wollte ich endlich einmal leben.

In der Stadt meiner Träume angekommen, erlebte ich, wie schwierig es war, den Sprung aus dem Gefängnis in die Freiheit zu meistern. All die neuen, ungewohnten Angebote dieser lebendigen Großstadt, die mir in meiner Phantasie so verheißungsvoll erschienen waren, stellten eine Überforderung dar. Bereits das Ende der Bundeswehrzeit hatte mich beklommen gemacht, da mir im Grunde genommen die Enge und Disziplin, ein gewohntes, eher sicheres Gefühl von Halt vermittelt hatten. Das war gegen meine Erwartungen, lehnte ich doch eigentlich jede Form der Unterwerfung durch Autoritäten ab. Wieso dann das Gefühl von Geborgenheit? Die Ungewissheit, was nun kommen würde, überlagerte die Vorfreude auf ein anderes Leben. Zwar war ich glücklich, endlich dem Käfig entflohen zu sein, aber die Anonymität Berlins, die riesige Universität und meine Unsicherheit irritierten mich.

Sehr schnell begann ich eine Beziehung mit einem älteren, erfahrenen Mann – das half. Es war weniger eine Liebesbeziehung, als vielmehr eine Bindung, die meine Verlorenheit und Einsamkeit abmilderte. Die Situation verbesserte sich noch, als ich gegen Ende des Grundstudiums Freundschaft mit zwei Kommilitonen schloss, deren Ziel es war, das Hauptstudium an einer privaten Universität im Ausland und zur Beendigung dann wieder in Berlin zu absolvieren. Diese Idee begeisterte mich, so dass ich ebenfalls meine Bewerbung einreichte, und zu dritt wurden wir tatsächlich angenommen.

Darauf folgten drei wunderbar befreite Jahre. Der Studienbetrieb war mit einer kleinen Gruppe internationaler Studenten verschult und überschaubar. Eine enge Gruppenstruktur vermittelte Sicherheit, und die sich weiter vergrößernde Entfernung vom „Zuhause" tat gut. Das letzte Studienjahr – zum Mauerfall in Berlin – wurde dann der Höhepunkt, zu einer großen Party, mit allen Zutaten eines verrückt, anarchischen Lebens. Trotzdem gelang mir der Abschluss bestens.

Aber was nun? Um der unvermeidlichen Rückkehr in die Kleinstadt und das verhasste Familienunternehmen zu entgehen, beschloss ich, zunächst in Frankfurt bei einer internationalen Unternehmensberatung zu arbeiten. Eigentlich ein guter Plan, doch er entpuppte sich als ein trostloses Unterfangen, da wir als Juniorconsultants die Milchkühe der Seniors waren, die kräftig gemolken und in banalen Projekten verheizt wurden. Ein kurzes Zwischenspiel.

Für den elterlichen Baustoffhandel ergab sich glücklicherweise Anfang der 90er Jahre die Möglichkeit, ein Unternehmen in Berlin zu akquirieren und so ging es nun zum dritten Mal wieder in diese Stadt. Ich wurde mit 27 Jahren Geschäftsführer meines eigenen Unternehmens und baute dies kontinuierlich auf und aus. Unabhängig wurde ich dadurch leider nicht, denn ich musste eng mit der Organisation des väterlichen Betriebes und damit auch mit ihm zusammenarbeiten. Die regelmäßigen Telefonate und Treffen erfüllten mich meist mit Angst, auch wenn es sachlich keine Gründe dafür gab. Der Aufbau des Unternehmens mit mehreren Zweigstellen, einem neuen Zentrallager und weiteren Unternehmenszukäufen gelang, wenn auch in mühevoller Arbeit. Doch dieser Erfolg entzog sich meiner Wahrnehmung, ich konnte mich weder darüber freuen, noch war ich stolz auf meine Leistungen. Dies lag sicher auch daran, dass meine andauernde Ängstlichkeit und Unsicherheit keine geeignete Grundlage für den oft konfliktreichen Umgang mit Mitarbeitern und Kunden war, und noch heute stellt sich mir die Frage, wie ich mit der inneren Spannung zwischen Konfliktvermeidung und souveränem Handeln überhaupt leben konnte. Die mir anerzogene Disziplin siegte, denn Gedanken darüber, ob mich meine berufliche Tätigkeit befriedigen oder gar beglücken würde, waren schlicht verboten. Ich arbeitete so, wie es mir mein Vater eingetrichtert hatte – mit Pflichterfüllung und Gehorsam.

In diesen Jahren lebten mein Bruder und ich zusammen. Unsere Eltern hatten uns eine Wohnung gekauft, denn für sie war es selbstverständlich, dass wir als Junggesellen zusammenleben sollten. Wir waren nun die Berliner Außenstelle der Familie, was uns beiden zunächst auch völlig normal vorkam. Erst später, wurde mir klar, dass meine Eltern diese symbiotische Situation gezielt gestaltet hatten, um auch weiterhin eine maximale Kontrolle über uns ausüben zu können. So waren wir – trotz der räumlichen Entfernung – unter ihrer und auch der gegenseitigen Beobachtung. Partnerschaften hatten wir keine, und ich denke, dass meine Eltern dies indirekt beabsichtigt hatten. Auch noch im Alter von 30 Jahren blieben wir ihre Kinder– ihr Eigentum – und waren streng in das Familiensystem eingebunden. Der Mittelpunkt war und blieb die Familie in Baden Württemberg. Partner hätten da nur gestört. Mein Bruder und ich waren uns gegenseitiger Partnerersatz und konnten uns aus dieser Symbiose erst befreien, als ich nicht mehr in Berlin lebte. Danach gingen wir beide sehr schnell langjährige Beziehungen ein.

Einen Weg aus meiner beruflichen Trostlosigkeit fand ich im Theater und in der Berliner Kunstszene. Wieder war es eine Freundschaft, diesmal mit einem Kulturjournalisten, die mir die Türen öffnete. Mehrmals wöchentlich begleitete ich ihn zu Premieren und endlich gab es Inhalte, die mich berührten, so wie es schon meine Lieblingsfächer in der Schule getan hatten. Die Auseinandersetzung mit den unterschiedlichsten künstlerischen Ausdrucksformen und Positionen, die Frage, was Kunst für den Einzelnen, aber auch sozial und gesellschaftlich bewirken kann und schließlich das Erlernen von Qualitätsmerkmalen für die Bewertung derselben waren für mich erfüllende Inhalte.

Endlich hatte ich den Gegenpol zu meiner wenig inspirierenden, auslaugenden beruflichen Tätigkeit gefunden.

Die unvermeidliche Rückkehr in die Kleinstadt kam mit dem 65. Geburtstag meines Vaters Ende der 90er Jahre. Sein Plan war, dieses Datum zum Anlass zu nehmen, um sich aus dem operativen Geschäft zurückzuziehen und mich als seinen Nachfolger vorzustellen. Er feierte sich glanzvoll, umringt von 150 Gästen, in einem Luxushotel. Mit Galadiner, klassischer Musik und Feuerwerk präsentierte er seine Unternehmensnachfolge, die doch im Mittelstand so oft am Patriarchen scheiterte, nur nicht bei ihm! Er hatte alles geplant! Seinem Sohn ein internationales Studium ermöglicht, der eine Karriere in einer renommierten Unternehmensberatung und erste unternehmerische Schritte in seinen Berliner Betrieben gemacht hatte. Meine Fluchtversuche wurden instrumentalisiert, zu seinen Strategien gewendet, und dafür spendete man ihm den Applaus, den er so dringend für sein schwaches Ego benötigte. Mir war hundeelend, doch es gab kein Entrinnen. Ich erfüllte meine Pflicht und zog zurück „in die Heimat". Wieder einmal waren es die altbekannten Muster der autoritären Prägung, die obsiegten.

Die ersten Jahre in Baden Württemberg verliefen einigermaßen glimpflich. Mein Vater war mit einem anderen Betriebsteil beschäftigt und zog sich wie geplant, schrittweise aus dem Tagesgeschäft zurück. Nach wie vor begeisterte mich die Arbeit nicht. Da die Organisation nun aber erheblich größer war, hatte ich bessere Möglichkeiten als in Berlin, meinen Schwerpunkt in die strategische Ausrichtung des Unternehmens zu setzen. Die kontinuierliche Expansion, ein Wechsel im überalterten Personal und Sortimentsbereinigungen gelangen, so dass wir bald eine führende Position in unserer Branche hatten.

Trotz der Erfolge blieb die Zusammenarbeit mit meinem Vater weiter belastend. Wöchentlich wurde ich zum Rapport einbestellt und musste Rechenschaft über jedes Vorhaben ablegen. Er war der Patriarch, der mit eiserner Hand regierte. Ausschließlich seine Ansichten, Pläne und Werte hatten Gültigkeit.

Mir ging es elend, da ich in ständiger Angst vor ihm lebte. Immer wieder ermahnte er mich, niemandem zu trauen, möglichst exakt alle Mitarbeiter zu kontrollieren, Kunden regelmäßig aufzusuchen und vor allem – viel – zu arbeiten. Für ihn war die Anzahl der im Büro verbrachten Stunden einziger Maßstab einer akkuraten Unternehmensführung. Natürlich verlangte er dies auch von mir – also war ich morgens der Erste und abends der Letzte.

Seine altbekannte Unberechenbarkeit und seine plötzlichen Aggressionsausbrüche zeigten sich auch in der Firma. Unerträglich waren seine bösartigen Übergriffe auf Mitarbeiter. Immer wieder wurde abgekanzelt, zurechtgewiesen oder er griff willkürlich in Arbeitsprozesse und Entscheidungen ein. Jetzt konnte ich verstehen, warum viele Mitarbeiter ihren Aufgaben fast phlegmatisch nachgingen. Sie waren zu Folgsamkeit erzogen worden und sollten möglichst nicht eigenständig arbeiten. Wir alle waren verschreckt und ängstlich, wenn mein Vater auftauchte.

Berlin blieb nach wie vor ein ausgezeichneter Fluchtort, da dort noch die Geschäfte geführt werden mussten. Das gab mir die Möglichkeit, nebenher meinen Interessen an Kunst und Kultur nachzugehen. Allerdings plagten mich jeden Tag, an dem ich vor Ort eigenen Bedürfnissen nachging Gewissensbisse, denn es war das Gebot meines Vaters, ausschließlich aus beruflicher Notwendigkeit abwesend zu sein. In Baden Württemberg war mein Platz! Deshalb passierte es häufig, dass ich nicht reisen konnte, da ich krank war oder aber von furchtbaren Darmkoliken am Flughafen gequält wurde. Mir ist erst sehr viel später bewusst geworden, wie sehr mich die verordnete Anwesenheitspflicht quälte. Aber allen Schwierigkeiten zum Trotz, pendelte ich fast wöchentlich, denn mittlerweile gab es auch eine Liebesbeziehung in Berlin.

Bereits Ende der 90 er Jahre reifte mein Plan, das verhasste Unternehmen zu verkaufen. Auf ein Ableben des Vaters zu hoffen, war bei seiner eisernen Gesundheit aussichtslos – es musste also anders geplant werden. Mein erster Schritt war, das Unternehmen zu entflechten. Einzelne Betriebsteile wurden abgespalten, um diese zu einem späteren Zeitpunkt verkaufen oder abwickeln zu können. Mir kam zugute, dass mein Vater nur bedingte Kenntnisse von strategischer Unternehmensführung hatte – so gelang dies auch problemlos. Jetzt wehte ein neuer Wind und mit den von mir entwickelten Strategien konnte ich ihn tatsächlich beeindrucken. Er brüstete sich vor Geschäftspartnern mit

der von ihm so großartig umgesetzten Unternehmensnachfolge. Mir sollte es recht sein.

Durch Zufall ergab sich die Gelegenheit, dass ein fran-
zösischer Konzern Interesse an einer Expansion in
Deutschland hatte und jetzt zahlte es sich aus, dass ich
durch das Auslandsstudium fließend Französisch sprach.
Im direkten Kontakt mit der Pariser Geschäftsleitung gelang es mir, einen Unternehmenstausch zu erreichen. Ich
veräußerte die Betriebsteile in Ostdeutschland. Im Gegen-
zug übernahmen wir die Geschäftsaktivitäten des französi-
schen Konzerns im Süden und beteiligten diesen an unserem Unternehmen. Als Absicherung für das Risiko der
Fusion im Süden konnte ich zusätzlich eine Verkaufsop-
tion für das Gesamtunternehmen in die Verträge hinein
verhandeln. Endlich war eine konkrete Lösung, den Baustoffhandel zu verkaufen, in Sicht und die "Fesseln" vielleicht doch noch loszuwerden.

Meinem Vater gegenüber hatte ich gute Argumente parat.
Die Globalisierung der Märkte, die Übermacht der Kon-
zerne – all dies waren Szenarien, vor denen er sich als Mit-
telständler zutiefst fürchtete. Diese Angst nutzte ich aus,
und er stimmte dem Vertrag zu. Ich machte ihm klar, dass
das Unternehmen langfristig nur dann eine Überlebens-
chance haben würde, wenn wir maximale Marktmacht
durch unser Vertriebsnetz bei gleichzeitigem Schutz durch
einen Konzern hätten. So kam es zu diesem Deal.

Fünf Jahre später war es dann soweit. Die Fusion hatte sich, wie erwartet, als schwierig erwiesen, forderte einen enormen Arbeitseinsatz, doch es lohnte sich. Das Ergebnis stellte sich am Ende als „all time high" der Firmengeschichte dar. Nun musste ich nur noch den Vater durch geschicktes Taktieren überzeugen, dass jetzt der richtige Zeitpunkt für den Unternehmensverkauf gekommen sei. Immer wieder wurden von mir in dieser Zeit seine Ängste geschürt. Wir hatten einige Jahre lang Verluste tragen müssen und die Märkte wurden durch neue, immer größere Wettbewerber, unsicherer. Diese wirtschaftlichen Fakten wirkten stark auf ihn, so dass er schließlich widerwillig dem Verkauf zustimmte.

Ich war am Ziel. Nach so langer Zeit war 2009 endlich Schluss mit dieser elenden Last. Und ich hatte meine Rache. Das, was meinem Vater das wichtigste im Leben gewesen war, gab es nicht mehr. Den Kummer, den er durch den Verkauf erlitt, war die Revanche dafür, dass er mich jahrelang versklavt hatte.

Die große Liebe

So, wie ich damals, in Berlin, erfahren musste, wie schwierig es war, die Freiheit zu leben, die ich mir sehnlichst erwünscht hatte, so ungleich problematischer waren meine Erfahrungen mit meiner zweiten Sehnsucht, die ich mir erfüllen wollte, der einer Beziehung. Es begann 1999. Gerade zurück nach Baden Württemberg gezogen, begegnete ich einem Mann und wir verliebten uns heftig ineinander. Er war der Partner meiner Träume. Wenig älter als ich, Finanzvorstand eines Konzerns, geschmackvoll, gebildet, mit Format. Er hatte sich einige Jahre vorher von seiner Familie getrennt und lebte nun in Berlin – wenn auch im Verborgenen – sein homosexuelles Leben aus. Wie ich hatte er ein schwieriges Verhältnis zu seinem übergriffigen Vater, was uns zu Verbündeten im Leid machte. Es war die lang ersehnte Liebe auf den ersten Blick. Wie sehr hatte ich mir das gewünscht.

Wir lebten eine Fernbeziehung, was mir nur recht war. Baden Württemberg war Pflicht und Berlin war die Kür, mein Zuhause. Da passte eine solche Partnerschaft bestens in das neue Lebenskonzept. Arbeiten an einem Ort – Leben an einem andern – das gefiel mir und brachte eine gute Distanz zum beruflichen und familiären Umfeld.

Sofort stürzte ich mich in diese Partnerschaft mit vollem Engagement. Glücklich, endlich einen geliebten Menschen an meiner Seite zu wissen, wurden seine Inhalte sofort zu den meinen. Als begeisterter Segler hatte er eine Wohnung direkt am See, weit von der Innenstadt entfernt – aber weder diese Entfernung von all dem, was mich am kulturellen Berlin so begeistert hatte, noch die von mir eigentlich ungeliebten Hobbys, die er pflegte, störten mich. Die Wochenenden verbrachten wir auf dem Wasser und in absoluter Zurückgezogenheit der ländlichen Einsamkeit.

Nach 2 Jahren bekam diese Idylle Risse. Er befand sich im Scheidungsprozess mit seiner Frau, gleichzeitig wurde sein Vorstandsvertrag nicht verlängert, so dass eine neue berufliche Orientierung anstand. Diese schwerwiegenden Inhalte bestimmten von da an unser Leben. Es gab nichts anderes mehr, was von Bedeutung war, und ich sah es als verpflichtend an, ihn in dieser belastenden Situation mit Rat und Tat zu unterstützen. Von nun an wurde ich sein Beschützer und Entlaster – eine Rolle, die er mir einerseits zuteilte, die andererseits von mir auch als Selbstverständlichkeit angenommen wurde, da meine Vorstellung von Partnerschaft damals nichts anderes zuließ. Erst viele Jahre später sollte mir klar werden, dass mein Schritt in diese Rollen, das alte Muster des Dienens widerspiegelte; es war die alte Konditionierung.

Da ich einen gut bezahlten Job hatte, war klar, dass Reisen und Restaurantbesuche von mir bezahlt wurden. Er forderte dies unterschwellig ein, sein Geld sollte in diesen für ihn unsicheren Zeiten ihm vorbehalten sein. Ich lieferte – waren doch die Sehnsucht nach Partnerschaft und die Verlustangst zu groß, um mich darüber zu empören oder gar zu wehren.

Meine Interessen wurden in den Hintergrund gedrängt. Seine tiefe Unsicherheit, sich auf einem für ihn unbekannten Terrain zu bewegen – und die Kunstszene war ein solches – ließ ihn in Opposition gehen. Also wurden Besuche in Galerien und Museen zu einem regelrechten Kampf, den ich austragen musste, um doch noch – zumindest für ein oder zwei Stunden – aus dem Haus gehen zu dürfen. Auch meine Freunde waren ihm suspekt. Sie waren zu exzentrisch, zu wenig an ihm interessiert, hatten kein Verständnis für unsere isolierte Zweisamkeit und störten einfach nur. Also folgte ich seinen Vorgaben, zog mich weiter aus meinem Umfeld zurück und gab meine Interessen sukzessive auf. Einen Verlust oder einen Mangel an Inhalten habe ich in dieser Zeit nicht gespürt, da das Glücksgefühl, in einer Partnerschaft zu leben und die Verpflichtung, ihn in allen Lebenslagen zu entlasten, alles überlagerte.

Erneut zog ich mich in die Literatur zurück, Gegenwartskunst wurde als Thema gestrichen Theaterbesuche waren aufgrund des Landlebens zu aufwendig und Freunde unerwünscht. So wurde das Lesen wieder, wie zur Schulzeit, meine Insel der inneren Ruhe und Befriedigung, der Rückzugsort vor langwierigen Diskussionen über seine Familie, Probleme mit der Arbeit und Klagen über das ungerechte Leben. Lesend gefiel ich ihm, – es war das Bild des leisen, anspruchslosen Partners, mit dem er bestens leben konnte, als Teil seines Lebenskonzeptes, in dem es keinen Raum für meine sonstigen Bedürfnisse gab.

Als es in den Folgejahren doch immer regelmäßiger zu Konflikten kam, wechselten wir unsere Wohnungen. Banal – aber diese vermeintliche Konfliktlösung wurde zum Kitt unserer Beziehung. Das ergab belebende Inhalte – ein neues Nest wurde gebaut – die uns scheinbar wieder zusammenbrachten und von unseren Problemen ablenkten. Erst waren es zwei Wohnungen in Berlin, die wir in kürzester Zeit nacheinander bezogen, dann – nachdem die berufliche Situation für ihn problematischer wurde - verließen wir Berlin und wohnten ab dem Jahr 2008 in dem Ort, aus dem ich mit so viel Kraftaufwand geflohen war, in Baden Württemberg. Faktisch völlig absurd, doch emotional kam mir diese Konstellation wahnwitziger Weise richtig vor. Ich konnte gut mir ihr leben, hatte ich mich doch in den vergangenen Jahren fast vollkommen von meinen alten Freunden und Lebensinhalten verabschiedet, war wieder in einer symbiotischen Beziehung, die mich diesmal tatsächlich zu wärmen schien, denn die Erfahrungen meines bisherigen Lebens hatten mich ja diesbezüglich konditioniert.

Die freiberufliche Arbeit meines Partners in häufig wechselnden Projekten, zwar sehr gut bezahlt, wurde aber zu einer zunehmenden Last für ihn. Er litt unter den wechselnden Einsatzorten, den, seiner Meinung nach, unprofessionellen Teamkollegen, Ungerechtigkeiten, was die Anerkennung seiner Arbeit und die verschiedenen Firmenphilosophien anbelangte – Gründe gab es viele. Er war unzufrieden mit seinem Leben und warf mir vor, wie sehr viel besser es mir, als Inhaber eines eigenen Betriebes, doch ginge. Zwar sei es nur ein mittelständisches und damit mittelmäßiges Unternehmen aber ich hätte es ungleich leichter als er, der für jeden Euro so viel härter arbeiten müsse. Dass ich mich gerade in einer komplexen Umorganisation meines Unternehmens, mit Firmenübernahmen und Verkaufsvorbereitungen befand, wurde nicht wahrgenommen.

Es blieb dabei – die Welt – und damit auch ich behandelten ihn schlecht.

Als meine, durch ihn hervorgerufenen, Schuldgefühle immer stärker wurden, schlug ich ihm schließlich vor, seine Tätigkeit aufzugeben und die Versorgung für uns beide zu übernehmen. Aus heutiger Sicht kaum zu glauben, aber die andauernden Klagen über seine harte Tätigkeit ließen mir die Kämpfe mit meinem Vater und die Umsetzung meiner schwierigen Firmenstrategie im Vergleich rosig erscheinen. Zudem redete ich mir ein, ihm das unbeschwerte Glück schenken zu können – ja zu müssen – worauf er als mein Partner ein Anrecht hatte. Jetzt war ich nicht nur beruflich und familiär wieder in einem Gefängnis angekommen, sondern auch noch in meiner Partnerschaft. Von nun an bestimmte er stärker als zuvor, wie unser Leben zu gestaltet sei. Ein Abziehbild meiner gesamten Kindheit und Jugend.

Da es mir natürlich, wie bei meinem Vater, auch bei ihm nicht gelang, ihn zufrieden zu stellen, waren es jetzt meine Familie und mein Beruf, gegen die er in den Krieg zog. Vor Ort hatte er ja den „richtigen" Eindruck davon, wie ich lebte – und damit sollte schleunigst Schluss gemacht werden. Zumindest in diesem Punkt hatte er Recht, doch waren seine Beweggründe andere als meine, was mir erst Jahre später bewusst wurde. Es war sein Machtkampf um die Vorherrschaft über mich gegen meinen Vater.

Da kam der Verkauf des Unternehmens im Jahr 2009 genau zum richtigen Zeitpunkt. Finanzielle Mittel gab es nun ausreichend und ich kaufte uns ein Haus in Spanien. Es war wieder eine Flucht, die Leere unserer Beziehung mit einem vermeintlichen Inhalt zu füllen.

Das Kartenhaus stürzt ein

Der Anfang vom Ende war ein Geschenk meines Vaters. Hinterhältiger hätte seine Revanche nicht sein können. Ich ging in die Falle.

Der Baustoffhandel war verkauft, mein Partner lebte mittlerweile in unserem spanischen Haus und meine Arbeit konzentrierte sich nun auf den verbliebenen Betriebsteil – einen Maschinenbau. Die Anteile dieses Unternehmen hatte mir mein Vater geschenkt, aus der damaligen Sicht eine großzügige Geste, verband er doch damit augenscheinlich die Überzeugung und das Zutrauen in mich, sein Werk erfolgreich fortzusetzen. Blind für die Fakten, aber mit vollem Elan, stürzte ich mich auch auf dieses Projekt. Nun hatte ich freie Hand und konnte ihm endlich zeigen, dass doch ein erfolgreicher, würdiger Nachfolger in mir steckte. Der Unternehmensverkauf war ja aus seiner Sicht kein Erfolg, sondern ein unternehmerisches Scheitern und eine tiefe Kränkung, die er nicht verwinden konnte.

Nun wurde in einen modernen Maschinenpark investiert und der Vertrieb strategisch neu ausgerichtet. Ich war nicht mehr zu bremsen. Der Wunsch, endlich die so lang ersehnte Anerkennung meines Vaters zu bekommen, trübte meine Wahrnehmung der Realität immer stärker, denn das, was er mir so großartig geschenkt hatte, stellte sich im Laufe der Zeit als ein marodes, an allen Marktentwicklungen vorbei ausgerichtetes Unternehmen heraus. Egal, welche Anstrengungen ich unternahm, es gab keine Möglichkeit, einen Neuanfang umzusetzen. Alles scheiterte an Widerständen, die das langjährige Personal gegen jede Art von Neuerungen hatte. Die Mitarbeiter waren meinem Vater hörig und arbeiteten devot nach alten Mustern, in denen sie erstarrt waren. Mit jedem Jahr stiegen die Verluste, die ich nun als alleiniger Eigentümer ausgleichen musste, um nicht in die Insolvenz zu geraten. Mein Vermögen schmolz dahin und mein Vater schaute mitleidig auf das Desaster – ihm war so etwas natürlich in seinem gesamten Leben noch nie passiert.

So wurde das Bild als Verlierer, an dem es aus seiner Sicht ja nie einen Zweifel gegeben hatte, gefestigt. Ich war wieder der Unfähige, der es nicht schaffte, diesen Karren aus dem Dreck zu ziehen.

Ich geriet immer mehr in Panik – bekam Existenzangst, da meine Reserven zusehends aufgebraucht wurden. Unterstützung war nirgends zu finden – auch nicht von meinem Partner. Ihn ließen meine Sorgen kalt. Stattdessen beklagte er sich darüber, wie wenig ich seinen Einsatz beim Umbau des spanischen Hauses, der Gestaltung des Gartens würdigte und wie selten ich überhaupt vor Ort sei. Aus seiner Sicht wäre es an mir gewesen, ihn zu unterstützen, statt mich mit den Geschäften und der Familie in Baden Württemberg herumzuschlagen. Meine Not steigerte sich noch, als die Umbaukosten für unser Refugium immer unübersichtlicher wurden – mein Partner erdachte fortwährend neue innen- und außenarchitektonische Finessen, mit denen er sich auf meine Kosten, Beschäftigung und Selbstverwirklichung verschaffte. Der Vorwand war natürlich, dass er uns mit seinem unendlichen Einsatz ein perfektes Heim baute – da war doch die Frage des Geldes uninteressant. Mir zog sich wieder einmal eine Schlinge um den Hals.

Zu dieser für mich so schwierigen Zeit lebte mein Vater seine sadistische Ader nun vollends aus. Offensichtlich spürte er meine Nervosität und Schwäche. Immer wieder erschien er überfallartig im Büro, horchte hinter meinem Rücken Mitarbeiter aus, kontrollierte Geschäftsvorfälle, um Missstände, die seines Erachtens nach herrschten, aufzudecken und um mir meine Nachlässigkeit und Unfähigkeit vor Augen zu führen. Gleichzeitig lockte er immer wieder mit Geld. Er stellte mir großzügig hoch verzinste Darlehen zur Verfügung, die die Abhängigkeit von ihm weiter zementierte. Diese Demonstration seiner Macht war Teil seiner Genugtuung – das war deutlich zu spüren. Er hatte es geschafft, nun seinerseits dafür Rache zu üben, dass ich sein Lebenswerk und das seiner Ahnen verkauft hatte.

Diese extrem belastende Situation dauerte fast vier Jahre. Ich kämpfte gegen Windmühlen und geriet immer tiefer in Verzweiflung. Jetzt war es Alkohol, den ich als Kompensation brauchte, um den anhaltenden Druck und den drohenden finanziellen Totalverlust zu ertragen.

Ich flog so oft es möglich war nach Spanien, um zumindest zeitweilig, räumlichen Abstand zu meinem desaströsen Berufsleben zu bekommen. Anfangs gelang dies auch noch. Die neuen Eindrücke und Freundschaften, das mediterrane Landleben in dem kleinen spanischen Dorf lenkten ab. Aber auch im neuen, prächtigst gestalteten Nest zeigten sich sehr bald wieder die Risse unserer Beziehung. Die Unzufriedenheit meines Partners mit dem Leben und den Umständen – mit allem – konnte nicht gestillt werden. Zunächst mangelte es an meiner Unterstützung, dann entwickelten sich Freundschaften zu Bedrohungen, das Heim war auf einmal nicht mehr gut genug. Schon nach zwei Jahren sollte ein neues Haus her – und ich spielte tatsächlich wieder mit dem Gedanken, es ihm recht zu machen. Glücklicherweise kam es nicht dazu.

Unsere Konflikte waren nun nicht mehr zu übertünchen. Dort, wo es eigentlich Ruhe und Abstand hätte geben sollen, wurde gekämpft – darum, wer von uns beiden Recht hatte. Ich verlor zusehends den Boden unter den Füßen. War in der Vergangenheit mein vorherrschendes Gefühl, Ausgeglichenheit und Schutz in unserer Beziehung leben zu können, waren es jetzt Streit, Orientierungslosigkeit und Belastung. Seine irrationalen Handlungen und unablässigen Forderungen verunsicherten mich vollständig. Er lehnte mich ab, Sex gab es keinen mehr, die Schlafzimmer wurden getrennt, er drohte mich zu verlassen. Nur seine schwindenden Kräfte, die er für unsere Beziehung geopfert hatte, so seine Litanei, hielten ihn davon ab. Und wieder gab ich nach, diente seinen Launen, so, wie es mein mir antrainiertes

Verhalten vorschrieb. Ich übernahm seine Weltsicht, wollte sein, seiner Meinung nach, unbefriedigendes Leben wieder sinnvoller gestalten und schlug vor, dass er zu mir nach Deutschland kommen solle. Mir war alles recht, um unsere Beziehung zu retten, die nun fast 15 Jahre lang andauerte.

Wieder ein Umzug. Da mein Partner nicht in meiner Heimatstadt leben wollte, suchte ich eine neue Bleibe in der nächstgelegenen Großstadt. Dies führte zu schweren Zerwürfnissen mit meinen Angehörigen, die mich vor Ort sehen wollten – aber ich ließ mich nicht beirren, ging es doch um meine große Liebe, sie war wichtiger als die Interessen der Familie. Offensichtlich hatte mein Partner den Kampf gegen meinen Vater gewonnen. Meine Eltern warfen mir Hörigkeit vor – ein Vorwurf, der nicht nur aus ihrer Sicht stimmig war, aber ihn wenigstens zu überdenken oder annähernd zu empfinden war mir nicht möglich. Meine Ängste vor dem Verlassen werden, vor dem finanziellen Ruin und vor Einsamkeit überschwemmten mich so sehr, dass für rationale Erwägungen kein Raum mehr in meinem Kopf war.

Jetzt war mein Leben ein Scherbenhaufen. Mit der Familie im Streit, das Unternehmen nicht zu retten, meine Finanzen aufgebraucht, ein überdimensioniertes Haus in Spanien, was zur Last geworden war, ein neuer Wohnort, an dem ich mich entwurzelt fühlte, lebte ich in einem Labyrinth aus Verstrickungen und Abhängigkeiten, das keinen Ausweg hatte. Ich war in einem schwarzen Tunnel, hatte keine Orientierung mehr und sedierte mich durch exzessiven Alkoholkonsum.

Wieder war es ein Geburtstag meines Vaters – der Achtzigste-, der zu einem Wendepunkt in meinem Leben werden sollte. Es wurde pompös gefeiert – mein Bruder hatte die Organisation und Regie übernommen, sprach die Laudatio auf den Jubilar, begrüßte die Prominenz unter den fast 200 Gästen. Ich war zu diesem Zeitpunkt nicht mehr in der Lage, irgendeinen Beitrag zu diesem Fest zu leisten, außer körperlich anwesend zu sein – mehr war nicht drin. Ich war mit meinen Kräften am Ende– die Last war zu schwer geworden. Meinen Peiniger zu feiern – das ließ der Rest meiner noch verblieben Würde nicht zu.

Völlig erschöpft wollte ich am Tag nach dem Fest zur Erholung nach Spanien fahren. Mein Partner war bereits dort, doch er verbot mir mein Kommen! Er hatte Freunde eingeladen – die gingen vor und er bot mir großzügig an, später nachzukommen. Nur an diesem einen Wochenende ginge es eben nicht. Da habe er anderes, besseres zu tun und könne mich nicht brauchen.

Das gab mir den Rest! Wie von Sinnen habe ich mich betrunken. Der Schmerz war nicht anders zu ertragen. Jetzt war die Ablehnung absolut und ich konnte, ja durfte nicht einmal mehr mein eigenes Haus betreten. Die schlimmsten Ängste hatten sich erfüllt. Ein Albtraum! Ich lebte in einer Welt, die ich nicht mehr verstand, die nur noch wehtat und mich an den Rand eines Nervenzusammenbruchs brachte. Volltrunken bestieg ich mitten in der Nacht mein Auto und floh nach Frankreich in das Haus einer Freundin. Zuhause war es nicht mehr auszuhalten. Dass ich überhaupt lebend ans Ziel gelangt bin, ist mir bis heute unbegreiflich. Nach zehn Stunden Fahrt, vollkommen benebelt und verwirrt, war mein Zufluchtsort erreicht. Im Gegensatz zu meinem, war ich in ihrem Haus jederzeit willkommen. Meine Hoffnung, dort, wo ich früher schon glückliche, unbeschwerte Zeiten verbracht hatte, mir die Erinnerung daran Trost spenden könnte, sollte sich nicht erfüllen.

Denn auch diese Flucht brachte keine Erleichterung. Ich trank exzessiv weiter um mich zu betäuben. Nach zwei Tagen Dauerrausch und Tränen kam mir die Idee, einen verzweifelten Rettungsversuch zu unternehmen. Mit letzter Kraft rief ich bei einer befreundeten Ärztin an, die mich sofort zu sich holte und mir den Weg aus dem Desaster aufzeigte. Neben einer medizinischen Begleitung aus meinem Burnout, den sie sofort diagnostizierte, mahnte sie streng, dass es ohne therapeutische Hilfe nicht möglich sein würde, mich aus meiner lebensbedrohenden Situation zu befreien. Diesen Weg habe ich glücklicherweise auch eingeschlagen.

Aufbruch und Erkennen

Das, was ich in den letzten Kapiteln beschrieben habe, ist mein Lebensweg anhand der für mich prägendsten Ereignisse bis zum Alter von 49 Jahren. Eine lange Zeit, die durch Deformationen, Ängste und Enttäuschungen geprägt war – ein verquer gelebtes Leben.

Meine Geschichte ähnelt vielen Lebensverläufen und ist schon oft so oder ähnlich beschrieben worden. Doch nun möchte ich auf das Versprechen meines Vorwortes zurückkommen und die Möglichkeit einer Auflösung dieser schmerzhaften Erfahrungen, die ich mit so vielen Autoren autobiografischer Bücher teile, aufzeigen.

Es ist der Aufbruch aus dem Unglück über den Weg der Psychotherapie hin zu einem selbstbestimmten Leben, das sich an meinen Bedürfnissen, Neigungen und Fertigkeiten orientiert.

Ich werde die Stufen, die ich gegangen bin, beschreiben und die Erkenntnisse sowie die Voraussetzungen aufzeigen, die mir geholfen haben, mich zu befreien. Ich hoffe, diese machen Mut, Ihre Lebenssituation, mit der Sie nicht zufrieden sind oder in der Sie sich gefangen fühlen, nicht als schicksalshaft hinzunehmen, sondern sich auf den oft so unmöglich erscheinenden Weg der Veränderung zu begeben.

Konkret bedeutet dies, dass ich einen Einblick in den Verlauf meiner therapeutischen Arbeit geben werde. So entsteht für Sie hoffentlich die Möglichkeit nachzuvollziehen, wie in meinem Fall das Aufbrechen neurotischer Strukturen gelingen konnte. Ich möchte dies tun, um Ihnen zu zeigen, wie segensreich therapeutische Arbeit sein kann, was meiner Meinung nach nicht möglich wäre, wenn dies von mir nur behauptet werden würde, ohne genauer zu berichten, welche Werkzeuge und aufeinander aufbauende Schritte dazu notwendig gewesen sind.

Ich würde mich freuen, wenn Sie mit neugierigem Interesse meinen Aufbruch in ein neues Leben verfolgen würden.

Über Therapie

Im Januar 2014 habe ich meine Psychotherapie begonnen – zwei Monate nach meinem Zusammenbruch. Was genau auf mich zukommen würde, wusste ich nicht – eines aber war mir klar: Ich wollte raus aus dem Schmerz, der Enttäuschung und der Orientierungslosigkeit – und genau dies ist mir mithilfe meiner Therapeutin auch gelungen. Zu Beginn möchte ich einige Kernpunkte, die Sie meiner Meinung nach zu Beginn einer therapeutischen Arbeit beachten bzw. wissen sollten, aufzeigen, um dann die praktischen Entwicklungsschritte zu beschreiben.

Erstens: Haben Sie keine Angst vor einer Therapie, einem Therapeuten oder einer Therapeutin. Vergessen Sie, was vorurteilsbehaftete Freunde oder Bekannte sagen: Du bist aber schwach, – schaffst es wohl nicht aus eigener Kraft? Warum gehst Du zu einem Irrenpastor? Musst Du jetzt in die Klapsmühle? Die Therapeuten haben doch alle selbst einen Schuss! Aus ihnen spricht die blanke Unkenntnis – lassen Sie sich nicht irritieren! Derjenige oder diejenige, der oder die sich auf den Weg macht, sich selbst kennenzulernen, das Leben zu verändern und erkennt, dass externe Hilfe notwendig und gut ist, ist mutig, kraftvoll und verdient Respekt.

Zweitens: Zugegeben, es ist nicht leicht, eine*n Therapeuten*in zu finden, der*die zu einem passt. Seien sie geduldig und suchen sie, bis Sie ein gutes Gefühl haben, den* die richtige*n gefunden zu haben. Zudem ist das große Angebot der unterschiedlichen Therapieformen verwirrend. Erkundigen Sie sich vorher, welche Methode angeboten wird und lassen sich erklären, was sie im Einzelnen bedeutet. Es gibt Wegweiser im Netz und in Buchform zu diesem Thema.

Meine Wahl fiel auf einen Ansatz, der sich Neuropsychotherapie nennt und sich auf die Erkenntnisse der Neurowissenschaft stützt, die durch die bildgebenden Verfahren der letzten Jahre auch der Psychotherapie zur Verfügung stehen. Dieser Ansatz erweitert die klassische psychotherapeutische Arbeit insofern, als dass bewusst und gezielt die Gehirnareale angesprochen werden, die für die aktuelle Problematik des*r Klienten*in auslösend sind. Wie dies konkret aussieht, davon später Genaueres. Vorab nur so viel: Ich glaube, dass diese Technik in Hinsicht auf ihre Wirksamkeit daher besonders erfolgreich ist. Deshalb möchte ich Ihnen raten, sich bei der Suche nach einem*r Therapeuten*in zu informieren, ob er oder sie mit dieser Technik vertraut ist. Die einzelnen Elemente, die Funktionsweise und die Umsetzung dieser Therapieform werde ich in den folgenden Kapiteln beschreiben.

Drittens: Ich habe verstanden, dass substantielle Veränderungsprozesse nicht ohne professionelle Begleitung möglich sind. Außenstehende Hilfe wird benötigt, da wir uns selbst nicht aus uns selbst heraus „reparieren" können –

sonst wären unsere Versuche ja bereits in der Vergangenheit erfolgreicher gewesen. Gleiches gilt für Freunde und Familienangehörige, die uns bei der Suche nach einem neuen Weg unterstützen und diesen auch möglicherweise sehr befürworten. Aber sie sind meistens keine guten Berater, da sie uns zu nah sind, uns oft so sehen, wie wir sein möchten oder aber wie sie sich wünschen, dass wir sein sollten. Das verstellt nicht nur den Blick, sondern es wird ihnen an Erfahrung mangeln, neurotische Strukturen aufzudecken und die persönliche Entwicklung in eine Richtung zu steuern, die einem selbst tatsächlich entspricht. Dazu sind sie Teil des uns umgebenden sozialen Systems, das unsere Probleme mit verursacht haben kann. Aber trotzdem kann deren Begleitung oder Unterstützung besser sein als ihr Fehlen. Somit können sie von großer Bedeutung sein.

Mir hat folgendes Bild sehr geholfen, den therapeutischen Prozess zu verstehen: Das, was wir mitunter jahrzehntelang gelebt und gefühlt haben ist neuronal stark gebahnt – wie Autobahnen. Sie sind mehrspurig, haben feste Leitplanken und sie lassen uns fortwährend dieselben Strecken fahren. Wir haben uns daran gewöhnt, diese Bahnungen zu nutzen, zum Teil unbewusst, wieder und immer wieder. Deshalb ist eine Veränderung aus uns selbst heraus, ohne externe Hilfe, nicht möglich, da wir es kaum schaffen werden, diese Autobahnen zu erkennen, geschweige denn, sie zu verlassen. Nur ein Außenstehender kann helfen, unsere Ängste zu überwinden, zumindest aber abzumildern, damit wir uns trauen, neue Wege einzuschlagen, unbekannte Abzweigungen zu sehen und auch behutsam, Stück für Stück zu nutzen: Veränderung durch Lernen.

Viertens: Das Wichtigste für einen erfolgreichen therapeutischen Fortschritt ist das Arbeitsverhältnis zwischen Therapeut*in und Klient*in – die „therapeutische Allianz". In meinem Leben sind die frühen Bindungserfahrungen mit wenigen Ausnahmen gestört gewesen, da sie von Vernachlässigung und Unterdrückung meiner Bedürfnisse geprägt waren. Mit meiner Therapeutin habe ich erstmalig eine zutiefst positive Bindungserfahrung gemacht, die durch uneingeschränktes Vertrauen in meine Person, Empathie und Verständnis geprägt gewesen ist. Sie war der „wissende Zeuge", der alles das, was ich erlebt habe, glaubte, mir Zutrauen in meine Wahrnehmung und Gefühle gegeben hat und mich nie infrage gestellt hat. Eine Beziehung, die eine neue Erfahrung für mich darstellte.

Fünftens: Therapie gleicht dem Abarbeiten von Reisterrassen. Hat man eine Stufe erkannt, aufgearbeitet und sich auch erfolgreich geändert, treten wieder neue, tiefere Ebenen des Kennenlernens der eigenen Persönlichkeit zutage. Lassen Sie sich davon nicht entmutigen! Ich habe es so oft erlebt, dass ich nach dem Überwinden einer schwierigen Hürde glücklich und stolz war, endlich weiter zu sein. Immer mit der Hoffnung – das war es, jetzt ich bin am Ziel! Dann kam ein vermeintlicher Rückschlag, da sich doch wieder neue Problemfelder auftaten. Das kann demotivierend sein. Doch eines sichere ich Ihnen aus eigener Erfahrung zu: Mit jeder Reisterrasse die abgearbeitet worden ist, wurde es leichter, den nächsten Schritt anzugehen. Meine Lernerfahrung war, dass der Vorgang des Problemlösens immer einfacher und im Laufe der Zeit zu einer gut erlernten Routine wurde. Dieser Lernprozess nahm kontinuierlich an Fahrt auf.

Tipps für die ersten Schritte

Nachdem Sie bei einem oder mehreren Erstgesprächen mit ihrem*r Therapeuten*in von beiden Seiten den Entschluss gefasst haben, zusammen eine Therapie zu beginnen, startet die Arbeit, wie beim Hausarzt, mit einer Anamnese – im Grunde genommen einer persönlichen Inventur. Hier wird anhand eines Fragenkatalogs erforscht, wie es zu der Situation kam, dass der persönliche Leidensdruck so groß geworden ist, einen*e Therapeuten*in aufzusuchen. Auslöser hierfür ist oft der Tod eines nahen Menschen, Krankheit, berufliche Probleme, Konflikte in einer Partnerschaft oder Probleme in der Familie. Bei mir entstand der Leidensdruck durch den kompletten Kollaps meines beruflichen und persönlichen Umfelds. Also Beruf und Partnerschaft, die zum Zusammenbruch und den damit verbundenen verzweifelten Exzessen und zu völliger Orientierungslosigkeit geführt hatten.

Der*die Therapeut*in muss sich ein Bild davon machen können, wie Ihr bisheriges Leben verlaufen ist. Er*sie wird Sie fragen, wie das familiäre Herkunftssystem aussieht, was für ein Verhältnis Sie zu den Eltern hatten und haben. Daraus lässt sich erkennen, welche Bindungserfahrung Sie durchlebten. Ebenso wichtig ist Ihre Position innerhalb der Geschwisterreihe oder ob Sie Einzelkind sind. Gibt oder gab es sogenannte „Ankermenschen" in Form von Verwandten oder Freunden in Ihrem Leben, die für Sie eine emotionale Stütze sind oder waren? Eine große Rolle spielen frühkindliche Erfahrungen beim Besuch des Kindergartens, der Schulen, später während des Studiums oder der Ausbildung und eventuell schwerer Krankheiten. Auch wird er*sie wissen wollen, wie es um ihre Partnerschaft und Sexualität steht, ob Sie Drogenerfahrungen hatten und ob Sie bereits vorher schon einmal eine Therapie durchlaufen haben.

Was Ihr*e Therapeut*in sicherlich sehr bald kennenlernen möchte, sind Ihre Wertvorstellungen und Normen; einfacher ausgedrückt: Wie ist Ihr Blick auf die Welt, was finden Sie richtig oder falsch, gerecht oder ungerecht, sind Sie gläubig oder sind es eher philosophische Gedanken die sie für wichtig erachten? Da diese Wertvorstellungen bereits sehr früh und tief in uns verankert wurden, bestimmen sie nicht nur das Bild, das man von sich selbst hat, sondern auch die Rollen, die einem im familiären Herkunftssystem und in der Gesellschaft zugeordnet worden sind. Sie beeinflussen uns mehr oder weniger unbewusst lebenslang.

Dann wird die Schlüsselfrage gestellt: Was ist Ihr Therapieziel? Was erwarten Sie von einer Therapie? Eine harte Nuss, da man ja zunächst einmal aufgrund eines sehr aktuellen Leidensdrucks beim Therapeuten gelandet ist und somit die Klarheit über langfristige Ziele nicht unbedingt im Vordergrund steht.

Ich erinnere mich noch genau, dass meine schlichte Antwort gewesen ist: „Ich will glücklich sein!", was meine Therapeutin zu der Gegenfrage veranlasste, was ich denn unter „Glücklichsein" verstehe. Dadurch wurden meine Antworten präziser, und schließlich konnte ich es besser fassen. Ziel der Arbeit sollte sein, meine Probleme zu erkennen, zu lösen um dann ein selbstbestimmteres Leben führen zu können. Dieses Ziel haben wir dann auch schrittweise erreicht.

Bereits während der Anamnese sollten Sie unbedingt auf Ihren „Bauch" hören. Haben Sie Schwierigkeiten, intimen Themen bei diesem*r Gesprächspartner*in anzusprechen oder fühlen sie sich ganz generell mit ihm*ihr unwohl – dann brechen Sie ab und suchen Sie sich einen anderen*e Therapeuten*in. Das erste Kennenlernen sollte sich gut anfühlen, auch wenn es bereits in den ersten Sitzungen um's „Eingemachte" geht. Die gemeinsame Arbeit basiert auf Sympathie und Vertrauen – beides sollte sich von Anfang an aufbauen.

Einen weiteren Tipp kann ich Ihnen geben: Auch wenn es sich zunächst etwas seltsam anfühlen mag – schreiben Sie alles auf, was in der Therapie passiert! Ich hatte zunächst erhebliche Probleme damit, ein Therapietagebuch zu führen – in meinem bisherigen Leben gab es so etwas wie ein Tagebuch noch nie. Es ist aber extrem wichtig, das im Gespräch Erarbeitete nicht nur im Gedächtnis abzuspeichern. Wir vergessen und verdrängen zu viel, als dass wir alles gut im Gehirn verankern könnten. Ich habe mir angewöhnt, jede Therapiesitzung sehr genau schriftlich aufzuarbeiten – um noch einmal das Besprochene zu reflektieren, aufkommende Fragen für den nächsten Termin festzuhalten und auch noch einmal für mich alleine nachzufühlen, was während der Sitzung geschehen ist.

Denn die Therapiearbeit beschränkt sich nicht nur auf die gemeinsam verbrachten Stunden, sondern erfordert, um erfolgreich zu sein, häusliche Eigeninitiative, Erfahrenes aufzuarbeiten und zu reflektieren.

Leider gehören auch Rückschläge zu dieser Entwicklung. Wie frustrierend es sein kann, sich vorgenommen zu haben, eine Handlungsweise abzustellen und es bei der nächsten Gelegenheit doch noch nicht zu schaffen, kenne ich bestens. Aber ein zweiter und dritter Versuch werden zeigen, dass es geht, solange man nur konsequent dran bleibt, von seinem neuen Weg überzeugt ist und diesen auch beherzt weitergeht. Haben Sie keine Scham, sich Rückschläge einzugestehen. Ihr*e Therapeut*in wird Verständnis dafür haben, da es allen Betroffenen so geht. Er*sie kann Sie trösten und in ihrem Kummer auffangen. Auch dies ist Bestandteil der „therapeutischen Allianz".

Das alles hört sich mühsam an, und das ist es auch oft – doch lohnt sich die Anstrengung, denn eines sollte nicht in

Vergessenheit geraten: Ein Leben mit bzw. in den alten neurotischen Strukturen, wie der Angst, ist anstrengender, auch wenn die jahrelang gelebte Gewohnheit dafür sorgt, dass uns dies oft nicht bewusst wird.

Was ich über mich herausgefunden habe

Ich habe unter einer generalisierten Angststörung gelitten, deren Genese und Auswirkungen in den ersten Kapiteln autobiographisch geschildert wurden. Dass ungünstige Kindheitserfahrungen, wie in meinem Fall, auch andere Störungen wie Depressionen, Zwangserkrankungen oder ausgeprägte narzisstische Neurosen erzeugen können, ist mir bewusst, doch werde ich darauf nicht näher eingehen können, da mir die nötige Kompetenz bzw. eigene Erfahrungen fehlen.

Eine generalisierte Angststörung ist eine Neurose, bei der Angst nicht mehr als Reaktion auf bedrohliche Situationen, also zweckmäßig und sinnvoll erfahren wird, sondern ganz generell die Wahrnehmung von äußeren Ereignissen und deren Bewertung bestimmt. Der Betroffene leidet unter dauerhafter Anspannung und richtet sein Verhalten darauf, Kontrolle zu behalten, Konfliktsituationen zu vermeiden oder aber sich bei Dritten rückzuversichern, um seine ängstliche Nervosität zu minimieren. All diese Verhaltensmaßnahmen sind nicht in der Lage, die Angst zu verringern, da sie sich verselbständigt hat. Man leidet unter übertriebener Wachsamkeit, dauerhafter Anpassung, angstvoller Spekulation darüber, was als nächstes passieren könnte und damit unter einer Dauerbelastung- nicht enden wollendem Stress. Ernste Krankheitsbilder sind oft das Resultat. Dies alles führt zu Fehleinschätzungen, lässt die Umwelt und zwischenmenschlichen Situationen weitaus gefährlicher erscheinen, als sie sind, was zu einem Teufelskreis aus sich wiederholenden Vermeidungsstrategien führt.

Angststörungen in ihren unterschiedlichen Ausprägungen sind also Störenfriede unserer Persönlichkeitsentwicklung und beeinträchtigen all unsere Entscheidungsprozesse, ob sie die Berufs- oder Partnerwahl betreffen, die Lösung von Konfliktsituationen und ganz generell unser Verhalten als soziale Wesen. Anfangs war mir nicht bewusst, dass es Ängste waren, die mich jahrelang verstört und in Abhängigkeiten gebracht haben, mich unglücklich und orientierungslos werden ließen. Durch meine therapeutische Arbeit konnte ich die Ursachen meiner Angst erkennen und einen Weg aus ihr herausfinden.

Dieser Weg war für mich die Innere Kind Arbeit, eine Technik, die meine Therapeutin mit den Erkenntnissen der Neurobiologie verbunden hat und diese mit psychotherapeutischer Arbeit kombinierte.

Neben genetischen Dispositionen sind die Hauptursachen für eine Angststörung Prägung und Bindungserfahrungen in unserer frühen Kindheit sowie Vernachlässigung und Instrumentalisierung, die im folgenden Kapitel näher erläutert werden. Ich werde den Begriff der Persönlichkeit an sich und einige psychologische Grundbegriffe erklären, die den Gesamtzusammenhang für Sie verständlicher machen werden.

Um die Funktionsweise der Inneren Kind Arbeit deutlicher zu machen, stelle ich Ihnen die neurobiologischen Grundlagen vor, die notwendig sind, um zu erkennen, wie Wahrnehmungs- und Entscheidungsprozesse in unseren Gehirnen ablaufen. Sie sind die Basis für das Verständnis dieses therapeutischen Verfahrens.

Im vierten Kapitel werde ich abschließend anhand praktischer Beispiele – den inneren Dialogen – aufzeigen, wie die Gespräche mit meinen „inneren Kindern" abgelaufen sind.

Über Psychologie

Psychologie ist ein weites Feld und beschreibt ursprünglich die Lehre von der Seele. Sie ist sowohl eine empirische Wissenschaft, als auch eine bereichsübergreifende und somit den Naturwissenschaften, den Sozialwissenschaften oder den Geisteswissenschaften zuzurechnen. Ihr Ziel ist es, menschliches Erleben und Verhalten sowie alle dafür wichtigen inneren und äußeren Umstände oder Bedingungen zu beschreiben, zu bewerten, zu messen, zu erklären und nachzuvollziehen.

Ich beschränke mich auf einige Grundbegriffe der Alltagspsychologie, die, meiner Meinung nach, über die therapeutische Arbeit hinaus wissenswert sind.

Persönlichkeit

Es gibt viele unterschiedliche Möglichkeiten, sich dem Begriff der Persönlichkeit anzunähern.

Ich habe das Drei-Instanzen-Modell nach Sigmund Freud kennengelernt. In einer vereinfachten Form half es mir zu verstehen, welche Faktoren eine Persönlichkeit ausmachen und beeinflussen. Es funktioniert wie folgt: Stellen Sie sich ein Haus vor, oben ein Dach, unten ein Fundament, und der Raum dazwischen ist unterschiedlich groß. Dieses einfache Schema stellt die Bausteine dar, aus denen eine Persönlichkeit zusammengesetzt ist und die ihr

Agieren bestimmen. Das Dach symbolisiert das Über-Ich, das Fundament das Es, beide Elemente sind Bewertungsebenen. Das heißt, sie bewerten, ob eine Handlung richtig oder falsch, gut oder böse ist oder sie beurteilen eine Eigenschaft als positiv oder negativ. Das Es bewertet Situationen emotional, z. B. ob sie gefährlich oder begehrenswert sind oder nicht, das Über-Ich bewertet Situationen nach moralischen Wertmaßstäben. Zwischen beiden befindet sich das Ich – es ist die Ebene, auf der mehr oder weniger bewusste Entscheidungen getroffen werden. Das ist jedoch oft gar nicht so einfach, da zwischen den Forderungen des Es und des Über-Ich abgewogen werden muss und diese Ebenen nicht selten unterschiedlich urteilen. Durch diese Widersprüchlichkeit können innerpsychische Konflikte entstehen.

Wie „groß" das Ich ist bzw. wieviel Raum es in diesem Schema einnimmt, hängt ganz davon ab, welche Erfahrungen wir in unserer Kindheit und Jugend gemacht haben und wie stark das Ich dadurch gestärkt oder geschwächt worden ist.

Sehen wir uns die Inhalte dieser Ebenen genauer an. Die Basis ist das Es. Hier befinden sich die Triebe, die Grundemotionen und die Gefühle. Zu den Trieben zählen der Fortpflanzungstrieb, der Überlebenstrieb und ganz grundsätzlich Hunger und Durst. Grundemotionen – man kann auch sagen Urinstinkte – sind: Freude, Trauer, Ekel, Neugier, Furcht, Angst und Wut – sie sind in jedem Menschen unabhängig von seinem kulturellen oder sozialen Umfeld vorhanden und können als eine Grundausstattung der menschlichen Persönlichkeit bezeichnet werden. Sie verbinden alle Menschen unseres Planeten miteinander, da sie universell verstanden werden. Ohne sie wäre unsere Entwicklung nicht möglich gewesen, da sie der Antrieb für Weiterentwicklung, Vorsicht und Selbstschutz, aber auch für soziale Interaktion sind. Daneben gibt es unsere Gefühle, die zutiefst subjektiv sind. Ihre Ausprägung, man kann auch sagen das Temperament, also wie stark oder schwach wir bestimmte Situationen und Erlebnisse fühlen, wie sanft oder heftig wir agieren und reagieren, hängt neben der genetischen Disposition, ebenso von den Erfahrungen ab, die unser Heranwachsen geprägt haben.

Im Über-Ich sind Werte und Normen verankert, also allgemeine gesellschaftliche oder religiöse Moralvorstellungen, die wir durch die Bindung an unsere Eltern und deren Umfeld, also durch Erziehung und Umwelteinflüsse passiv verinnerlicht haben. Viele dieser Normen sind gesellschaftlich wertvoll und sinnvoll. Ich denke, dass zum Beispiel niemand das Gebot: „Du sollst nicht töten" ernsthaft infrage stellen würde. Aber der Prozess der Verinnerlichung von Werten geschieht über Bezugspersonen in unserer Kindheit. Daher ist eine Überprüfung durch uns selbst nur schwer möglich, da wir ja das glauben mussten, was uns die Eltern eingesagt haben. Auf diese Weise können auch Bilder und Werte in uns verankert werden, die objektiv falsch oder von der neurotischen Persönlichkeitsstruktur der Erziehenden beeinflusst wurden. Solche *Introjekte* können die

Entwicklung unserer Persönlichkeit behindern und schaffen die oben bereits beschriebenen inneren Konflikte. Zudem ist die Sicht auf uns selbst, ob wir liebenswerte oder mangelbehaftete Personen sind, häufig durch die Bewertungen unserer Familienangehörigen tief geprägt und dort festgeschrieben, was ich leidvoll erfahren habe.

Neben Normen und Wertvorstellungen ist im Über-Ich auch abgespeichert, welche Rolle einem Menschen im Familiensystem zugeordnet worden ist. Es geht um Aufgaben, die uns die Eltern zugewiesen haben, um sich selbst – aus welchen Gründen auch immer – das Leben zu erleichtern oder sich zu schmücken. Sollten wir „Helden" sein, Ersatzpartner, Genies, Vorzeigeobjekte – oder – wie in meinem Fall – Entlaster? Wurden wir instrumentalisiert, eine Rolle auszuüben, die über unseren Kopf hinweg, an unseren eigentlichen Bedürfnissen oder Begabungen vorbei definiert wurde und jetzt ganz tief in uns verankert ist? Wie stark dieses Rollenbild im erwachsenen Leben Einfluss hat, musste ich selbst erfahren. Ich habe meinen Eltern und meinem Partner jahrelang gedient und mich untergeordnet, da meine Rolle war, sie zu entlasten.

Das Über-Ich beeinflusst unser Handeln insofern negativ, als ein Verstoß gegen dieses lang unkritisch hingenommene Wertesystem zu Schuldgefühlen oder Scham sowie Angst und Unsicherheit führen kann.

In diesem Spannungsfeld zwischen Es und Über-Ich steht das Ich, das durch Abwägen der Forderungen beider Bewertungsebenen eine bewusste Entscheidung treffen sollte. Je weniger stark dieses Ich, das „Selbst-Bewusstsein" oder auch das Selbstbild ausgeprägt ist, umso schwerer wird es einem Menschen fallen, eine Entscheidung zu treffen, die an eigenen Bedürfnissen orientiert und situationsangemessen ist, da die Macht von Trieben, Gefühlen oder Emotionen einerseits und die Wirkung von Normen und *Introjekten*, andererseits überstark wirken. Um in unserem Bild zu bleiben: Das Dach kann mächtig sein und übt starken Druck auf das Ich aus. Ebenso kräftig kann das Fundament nach oben drücken, um die jeweiligen Forderungen auszugleichen oder sich mit gegensätzlichen Wünschen durchzusetzen. So befindet sich das eingezwängte Ich häufig in heftigem Streit zwischen Moral und Lust oder Verbot und Wunsch.

Aus meiner Sicht beschreibt das Drei-Instanzen-Modell in seiner Einfachheit den Begriff einer Persönlichkeitsstruktur sehr schlüssig, da erkennbar wird, dass das bewusste Ich im Grunde genommen das empfindlichste Glied der Kette ist. Ist diese Ebene durch Erziehung und Bindungserfahrungen geschwächt, wird es einer Person kaum möglich sein, Normen und *Introjekte* zu hinterfragen und gegebenenfalls aufzubrechen, wenn diese das eigene Leben behindern oder schädigen. Dieser Prozess ist jedoch notwendig, um aus einem unbewusst übernommen Selbstbild oder einer Moralvorstellung eine subjektive Position zu gestalten – eine reflektierte Haltung in Bezug auf die eigene Person und zur Außenwelt zu entwickeln.

Gleiches gilt für den Einfluss der Triebe, Emotionen und Gefühle auf das Ich. Ist es schwach ausgeprägt, werden wir Schwierigkeiten haben, diese im Nichtbewussten verankerten Antriebskräfte in Einklang mit eigenen Werten und Vorstellungen zu bringen. Aber auch dies ist notwendig, um ein bewusstes positives Selbstbild zu schaffen, das uns in die Lage versetzt, einen Lebensentwurf zu gestalten, der unseren Vorstellungen und Wünschen entspricht.

Ziel sollte es also sein, dass in uns ein ausgewogenes Kräfteverhältnis zwischen Über-Ich und Es herrscht und ein stabiles Ich zwischen der Ratio und den Emotionen die richtigen bewussten Entscheidungen trifft, um uns so ein konfliktarmes Leben zu ermöglichen. Ein solcherart geführtes Leben kann man als „*ichig*" gestaltet bezeichnen – also in einem positiv ausgewogenen Sinne egoistisch.

Bindung

Im autobiografischen Teil dieses Buches konnten Sie lesen, unter welchem Druck ich mein ganzes Leben gestanden habe. Mein Ich war also „eingeklemmt" zwischen Über-Ich und Es und daher zu schwach, seinen eigenen Weg gehen zu können, was ich im letzten Kapitel, anhand des Drei-Instanzen-Modells, theoretisch versuchte zu verdeutlichen. Wie beschrieben, hängt die Stärke oder Schwäche der Ausbildung des Ich wesentlich davon ab, welche Erfahrungen wir im Säuglingsalter, als Kinder und Jugendliche gemacht haben. Mir ist es nun wichtig, die Folgen der frühkindlichen Erfahrungen aus psychologischer Sicht noch deutlicher zu beschreiben, da mir diese selbst zunächst nicht bewusst gewesen sind und, wie ich erfahren habe, auch viele Menschen in meinem Umfeld wenig Kenntnis über diese wichtige Lebensphase haben.

Die moderne Psychologie und Psychotherapie hat in zahlreichen Forschungsarbeiten und Versuchen mit Kindern und Eltern herausgefunden, dass für die Entwicklung eines Menschen die frühkindliche Bindungserfahrung zu den Eltern von maßgeblicher Bedeutung ist, da in dieser Lebensphase bestimmt wird, wie sich unser erwachsenes Verhalten entwickeln wird. Hier werden die Weichen über die Stärke unseres Selbstwertgefühls und des Selbstvertrauens gestellt. Ob wir bindungsfähig, empathisch, egoistisch, ängstlich, unsicher oder mit einem Urvertrauen, also ob wir mit dem sicheren Gefühl, dass wir unseren Fähigkeiten, den Menschen und der Welt um uns herum tendenziell vertrauen können, oder nicht, ausgerüstet ins Leben gehen. In dieser Zeit, man spricht vom ersten bis dritten Lebensjahr, wird ebenso festgelegt, ob wir psychisch widerstandsfähig – also resilient – oder verletzbar – vulnerabel – sein werden. Es ist DIE lebensentscheidende Phase des Menschen, und sie prägt uns neben der genetischen Ausstattung am stärksten.

Seit Jahrzehnten haben sich Forscher damit beschäftigt, welchen Ursprung Verhaltensauffälligkeiten bei Kindern,

Jugendlichen und schließlich auch bei Erwachsenen haben könnten. Kurz zusammengefasst verweisen die Ergebnisse auf diese von mir gerade beschriebene Phase der frühen Beziehung zwischen Mutter und Kind. Sie fanden Muster sich immer wiederholender Verhaltensweisen und konnten so ein Modell erstellen, das unter dem Begriff Bindungstheorie bekannt wurde. Ihre Anfänge hatte sie in den 1940er Jahren und wird bis in unsere Gegenwart hinein immer weiterentwickelt.

Das Schema dieser Theorie ist nicht kompliziert. Es unterscheidet vier sogenannte Bindungstypen. Das heißt, sie hat das Verhalten von Kleinkindern zwischen 12 bis 18 Monaten in ihrer Interaktion mit der Mutter innerhalb einer Testsituation beobachtet und, je nach Ergebnis, in Gruppen eingeteilt. Dabei ergaben sich folgende Bindungsarten:

Sichere Bindung: Sicher gebundene Kinder haben das Gefühl, sich auf die Bezugsperson und deren Reaktion verlassen zu können, auch wenn diese kurzzeitig nicht anwesend ist. Sie leiden zwar unter der Trennung, freuen sich bei deren Rückkehr und suchen Körperkontakt, können sich rasch beruhigen und folgen dann weiter der Erforschung der Umwelt – man nennt dies *Explorationsverhalten.*

Unsicher-vermeidende Bindung: Unsicher-vermeidend gebundene Kinder haben nicht das Zutrauen, dass die Bezugsperson verlässlich verfügbar ist. Sie vermeiden den

Bezug zur Kontaktperson, da sie nicht erfahren haben, dass ihre Wünsche erfüllbar oder richtig sind und dass sie einen Anspruch auf Zuneigung haben. Anstelle dessen konzentrieren sie sich auf die Exploration, d.h. sie sind abenteuerlustig, bzw. neugierig.

Unsicher-ambivalente Bindung: Unsicher-ambivalent gebundene Kinder haben erfahren, dass ihre Kontaktperson unzuverlässig ist, da deren Verhalten und Reaktionen nicht vorhersehbar sind. Die Bezugsperson schwankt zwischen fürsorglichem und vernachlässigendem Verhalten, was dazu führt, dass sich das Kind nicht auf die Erforschung der Umwelt einlassen kann, sondern immer in Alarmbereitschaft ist, welche Stimmung die Bezugsperson hat, um das eigene Verhalten entsprechend anzupassen. Solche Kinder sind ängstlich, klammern an der Bezugsperson und sind in ihrem Explorationsverhalten gehemmt. Fremde Situationen werden als gefährlich bewertet, da es den emotionalen und faktischen Rückhalt nicht gibt.

Desorganisiert-desorientierte Bindung: Kinder dieses Typs haben keine Strategie entwickeln können, wann sie Schutz oder Unterstützung benötigen, da sie sich entweder von der Bezugsperson bedroht fühlen – dies kann im Fall von physischer, psychischer oder sexualisierter Gewalt der Fall sein – oder wenn die Bezugsperson selbst unter den Folgen traumatischer Erlebnisse leidet, die eigene Angst zum Ausdruck bringt und damit das Kind verängstigt, da es die Ursachen hierfür nicht kennt. Desorganisiert-desorientiert gebundene Kinder weisen nicht erwartbare Verhaltensmuster auf, verfallen in Erstarrung oder in sich wiederholende Verhaltensmuster, wenn sie Stress ausgesetzt sind. Für solche Kinder ist die Umwelt ein Ort der Angst, da die Bezugsperson ihnen diese ständig vermittelt.

Natürlich habe ich während meiner therapeutischen Arbeit herausfinden können, zu welchem Bindungstyp ich gehöre und konnte klar erkennen, dass es der unsicher-ambivalent gebundene Typ ist. Dies wird sicherlich auch damit zusammenhängen, dass ich als 7-Monatskind zur Welt gekommen bin, also mehrere Wochen im Brutkasten lag, ohne meine Mutter an meiner Seite zu haben. Eine Vorgehensweise, die, dank der Ergebnisse der Bindungstheorie, heute nicht mehr vorkommen würde. Dies war aber in den 60er Jahren Normalität – also gab es für mich in der frühesten Phase meines Lebens keine Möglichkeit, Nähe und Geborgenheit zu spüren. Hinzukam das unbeholfene, emotional eher kalte, oft vernachlässigende Verhalten meiner Mutter sowie das Desinteresse, die Härte und die Launenhaftigkeit des Vaters, wie es im ersten Teil des Buches beschrieben wurde. Die Summe dieser Einflüsse ist wesentlich für meine gestörte Bindungsfähigkeit gewesen. Ich habe meine Eltern nie als einen verlässlichen Anker empfunden, im Gegenteil!

Ein wichtiger Aspekt in diesem Zusammenhang ist Deprivation – also Vernachlässigung. Dieser Begriff bezeichnet die ungenügende oder fehlende Befriedigung der emotionalen, sozialen, physischen und sensorischen Grundbedürfnisse eines Kindes. Dieser Mangel führt zu einem Leid, das schwere Schädigungen in der Psyche hinterlässt oder aber verhindert, dass es bestimmte emotionale, soziale oder praktische Fertigkeiten überhaupt entwickeln kann. Ein Kind, das z. B. ohne Sprache aufwächst, wird, wie Kaspar Hauser, stumm sein. Ein Kind, das nie emotionale Wärme und Sicherheit empfunden hat, wird es später nicht schaffen, diese Gefühle anderen Menschen gegenüber entwickeln zu können.

Aus meiner Sicht wird Deprivation in unserer Gesellschaft noch zu oft übersehen und häufig lediglich in Zusammenhang mit sozialen Randgruppen, Drogenabhängigen, Heim- oder Flüchtlingskindern vermutet. Sie kann aber gleichermaßen in einem sozial und wirtschaftlich abgesicherten Umfeld vorkommen – man spricht dann von Wohlstandsverwahrlosung. Dieses Phänomen ist immer häufiger zu beobachten und Probleme an Schulen mit schwer sozialisierbaren oder verhaltensauffälligen Kindern sprechen nicht zuletzt dafür, dass die emotionale Hinwendung und zeitliche Aufmerksamkeit für Kinder, unabhängig von ihrer sozialen Herkunft, in der Familie häufig nicht ausreichend wahrgenommen wird. Auch eine faktische und materielle Überversorgung von Kindern durch sogenannte Helikoptereltern führt zu einem ähnlichen Ergebnis, da sie Fürsorge nicht ersetzen kann.

Zum Glück können entstandene Defizite durch die Eltern, ihrer Erziehung und der von ihnen vererbten genetischen Disposition, z. B. durch einen erweiterten Kreis von

Bezugspersonen, partiell ausgeglichen werden. Das Schlagwort hierfür heißt *Epigenetik*. Dieses Forschungsgebiet ist relativ neu und beschreibt – vereinfacht gesagt – den Mechanismus, der unsere Gene, also unser Erbgut durch Umwelteinflüsse beeinflusst bzw. reguliert. Bildlich gesprochen handelt es sich um eine Art „Schalter", der die Funktionen der einzelnen Gene ein- oder ausschaltet oder sie in ihrer Wirksamkeit verändert. Das bedeutet, dass durch diese wissenschaftliche Entdeckung das lange als sicher angenommene Dogma, dass bei der Geburt vererbtes Genmaterial unveränderbar sei, umgestoßen wurde. Denn es wurde festgestellt, dass durch *Epigenetik* selbst feinste Umweltveränderungen, z. B. die Entstehung von Krankheiten oder eben auch die die Veränderung von Persönlichkeitsmerkmalen, beeinflusst werden – im positiven, wie auch im negativen.

Ich hatte dieses Glück mit meinen Großeltern und einer Tante. Diese Menschen haben mir immer das Gefühl vermittelt, gemocht und vor allem richtig zu sein. Für sie war ich nie zu unruhig, zu laut oder störend, so wie es mir meine Eltern vermittelt haben. Sie liebten mich so, wie ich war, auch wenn ich wieder einmal etwas angestellt hatte. Ihre Geduld und Zugewandtheit zeigte sich beispielsweise, als das Bett meiner Großeltern durch mein wildes Hüpfen zusammenbrach. Natürlich ermahnte mich mein Großvater, da er nicht begeistert war, das Bett komplett ab- und wieder aufbauen zu müssen, aber so etwas passierte aus ihrer Sicht nun mal bei einem ausgelassenen Kind. Das war nicht dramatisch, und vor allem wurde mir nicht vorgeworfen, schlecht oder undankbar zu sein – sie fanden mich einfach fröhlich und lebhaft. Ich konnte mich darauf verlassen, dass sie mich liebten – egal, was ich anstellte. Das Haus meiner Großeltern war ein Schutzraum – ein sicherer Ort, an dem ich mich geborgen und angstfrei fühlte.

Ähnlich war es mit meiner Tante, die mich wie ihren Enkel angenommen hatte. Als wir uns zu meinem fünfzigsten Geburtstag trafen, sagte sie sehr stolz, dass sie mich ja wohl gut durchgebracht hätte, was nicht immer einfach gewesen sei, da sie mich immer hätte beschützen müssen. Genau dieses Gefühl hatte sie mir verlässlich vermittelt. Auch bei ihr war ich sicher, wusste, dass sie mich einfach liebte, unabhängig davon, was vorgefallen war, ob die Schulnoten gut oder schlecht waren, ob ich zappelig oder übermütig gewesen bin. Sie setzte sich für mich ein, warb um Verständnis bei meinen Eltern und war der Fluchtort, wenn es mal wieder Vorwürfe hagelte.

Ich bin glücklich, dass es diese Menschen in meinem Leben gab. Bei ihnen erlebte ich, wie sich Zuverlässigkeit, Vertrauen und vorbehaltlose Liebe – also eine sichere Bindung – anfühlte. Wären sie nicht gewesen, hätten ich, noch gravierendere Schädigungen erlitten. Die defizitäre Bindungserfahrung zu meinen Eltern hätte noch größeren Schaden angerichtet.

Zusammenfassend ist also zu sagen, dass, je sicherer ein Kind gebunden ist, umso stärker kann sich das ICH entfalten. Ein Kind ist dann in der Lage angemessen mit Stress-situationen umzugehen, sich zu beruhigen und erfolgreich seinem Explorationsdrang nachzugehen. Im späteren Leben hat der*die Erwachsene die Grundlage für positive Bindungen in Freundschaft und Partnerschaft sowie für die Lösung von Problemen. Die Bewertung der Realität wird besser gelingen und er*sie wird über einen ausgewogenen Entscheidungsmechanismus zwischen Vernunft und Gefühlen verfügen.

Die Entstehung neurotischen Verhaltens

Was passiert aber nun, wenn in der Phase der frühkindlichen Bindung– aus welchen Gründen auch immer – etwas schief geht? Bedauerlicherweise ist dies häufiger der Fall, als man zunächst annehmen möchte. Forscher gehen davon aus, dass ca. 40% bis 50% der Kinder keine sichere Bindung erleben – es ist also ein weit verbreitetes Phänomen und kein Sonderfall.

Verläuft die Bindungsphase ungünstig, können schlimmstenfalls psychopathologische Erkrankungen entstehen, auf die ich hier nicht weiter eingehen werde. Im weniger gravierenden Fall entwickeln die Betroffenen ein neurotisches Verhalten. Mir ist es wichtig, zunächst einmal zu verdeutlichen, dass eine Neurose nichts mit einer Krankheit zu tun hat und damit auch nicht in Zusammenhang mit der Psychiatrie gebracht werden darf, dies gilt ausschließlich für den oben erwähnten Fall psychopathologischer Erkrankungen.

Man kann eine Neurose als eine allgemeine psychische Anpassungs- oder Verhaltensstörung bezeichnen. Das bedeutet, dass wir als Kinder, insbesondere während der frühen Bindungsphase, ein Verhalten erlernen, dessen Muster wir als Erwachsene beibehalten und dann erleben, dass diese Systematik nicht mehr passt, um mit unserer Umwelt und unseren Problemen erfolgreich umgehen zu können. Anders formuliert: Eine Neurose ist ein, in der Kindheit entstandener Problemlöser der Psyche, um einen Mangelzustand oder ein Ungleichgewicht auszugleichen. Stavros Mentzos bezeichnet sie als *„eine kreative Leistung des Gehirns"*. Das finde ich sehr schön formuliert. Sie ist ein Ausweg aus, für das Kind, bedrückenden Zuständen. Betrachtet man eine Neurose also von dieser Warte, verliert sie ihre negative Bedeutung. Das ist gut so, denn frei von jeglichem neurotischen Verhalten ist niemand. Sie muss das Leben auch nicht nur erschweren, sondern treibt durchaus ihre fantasievollen Blüten und macht das Leben dadurch bunt. Behindert sie das Leben, indem es immer wieder zu leidvollen Erfahrungen und Enttäuschungen kommt, so wird der Versuch, dies oder sich zu verändern, scheitern, da die erlernten Muster, sprich Handlungsabläufe, tief verankert und nicht bewusst sind.

Erst im Rahmen einer therapeutischen Arbeit hat man die Möglichkeit, das neurotische Verhalten zu verändern, indem durch neue Erfahrungen und Erkenntnisse die alte, jahrelang praktizierte Systematik überlernt und damit eine Verhaltensveränderung und –kontrolle erlangt werden kann. So ist es mir ergangen und ich bin froh, dass mir jetzt erwachsene statt kindlicher Lösungen für meine Probleme zur Verfügung stehen. Was nicht heißen soll, dass ich nicht die eine oder andere „Neurose" als liebgewonnene Eigenart meiner Person beibehalten hätte.

Um einen kurzen Überblick über die verbreitetsten Neurosen zu geben, so handelt es sich im Wesentlichen um vier Formen: Zwangsverhalten, Narzissmus in seiner neurotischen Ausprägung, depressive Episoden und Angststörungen. Jeder dieser neurotischen Formen liegt ein Mangel zugrunde, der durch ein kompensatorisches Verhalten ausgeglichen werden soll, welches variiert bzw. unterschiedlich ist. Man kann auch sagen, dass bei allen eine Grundangst vorherrscht, die das Verhalten überwiegend bestimmt.

Leidet eine Person unter einem Zwangsverhalten, wird sie – vereinfacht gesprochen – von der Angst beherrscht, im Chaos zu versinken, die Kontrolle zu verlieren oder Umwelteinflüssen ausgesetzt zu sein, die sie als bedrohlich empfindet. Ein Narzisst fühlt sich, getrieben von mangelndem Selbstwertgefühl, nicht genügend beachtet und wird sein Verhalten darauf ausrichten, eine überzogene Grandiosität und persönliche Außergewöhnlichkeit mit allen Mitteln hervorzuheben, um so seine gefühlte Minderwertigkeit zu verdecken. Depressive Menschen leiden unter Verlustangst, Erschöpfungszuständen und haben Sorge, nicht geliebt zu werden.

Ist man, wie in meinem Fall, angstgestört, ist die Angst der Bestimmer des Lebens – sie ist immer da – unterschwellig oder sehr präsent. Ob Phobien, Panikattacken oder einem Posttraumatischen Belastungssyndrom – allen Ängsten ist gemein, dass das Verhalten von Vermeidung und / oder Anpassung geprägt ist. Man ist nicht frei, sondern permanent von ihnen bestimmt. Wie im ersten Teil beschrieben, war es mir nicht möglich, nein zu sagen, meinen Willen oder meine Wünsche zu formulieren oder gar durchzusetzen, da ich meinte, kein Recht auf eigene Bedürfnisse zu haben. Die Angst vor Bestrafung oder Ablehnung war so groß, dass ich wesentliche Weichenstellungen in meinem Leben wie die Berufswahl nicht eigenständig treffen konnte, sondern dem Willen anderer unterordnen musste. Ich habe mich nicht getraut, meinem Partner zu widersprechen – er konnte mit mir machen, was er wollte – die Verlustangst hat mich gehemmt. Gab es eigene Pläne, wie z. Bsp. Veränderungen im Familienunternehmen, habe ich Umwege gewählt, um die direkte Konfrontation mit meinem Vater zu vermeiden. Hier war die Angst, aus der Familie verstoßen und finanziell ruiniert zu werden, vorherrschend.

Impulskontrolle und Kompensationsverhalten

Eine neurotische Verhaltensstörung geht oft mit einer mangelnden Impulskontrolle und/oder einem ausgeprägten Kompensationsverhalten einher. Der*die Betroffene ist aufgrund seines empfundenen Defizits oder seiner Grundangst in einer andauernden Anspannung – dieser Stress ist enorm. Wenn dann noch weitere Reize, z. B. durch enttäuschende Reaktionen der Umwelt, hinzukommen, führt dies häufig zu einem wiederkehrenden impulsiven, kompensatorischen Verhalten. Dies können dann Ess-Attacken, Selbstverletzungen, unkontrollierter Konsum in jeder Hinsicht, exzessives Spielen, Arbeiten oder Sporttreiben sein. Im schlimmsten Fall kann Sucht in diesem Zusammenhang entstehen.

Der unaufgelöste Mangelzustand, tief in der Kindheit verwurzelt, schmerzt so stark, dass er durch Drogen erträglich gemacht werden soll. Zunächst wird man eine vermeintliche Entlastung durch die Betäubung spüren. Da aber die Ursache des Schmerzes nicht gelöst ist, besteht die Gefahr, in eine Spirale des Rausches zu geraten – also immer größere Mengen oder stärkere Drogen nehmen zu müssen, um das vorangegangenen Rausch- bzw. Betäubungserlebnis entweder weiter zu steigern oder aber wieder herzustellen.

Ich habe dies genauso erfahren. In der Pubertät, in der sich meine Verzweiflung und Hilflosigkeit unerträglich steigerte, griff ich immer häufiger zu Drogen; glücklicherweise ohne drogenabhängig geworden zu sein! Auch im Erwachsenenalter hat dieser Mechanismus weiter gewirkt. Als meine Beziehung kaum noch auszuhalten war, der berufliche Druck und die Konflikte in meiner Familie immer größer wurden, habe ich mich in den Alkohol geflüchtet.

Das Ergebnis war der endgültige Zusammenbruch, wie am Ende meiner Biographie beschrieben. So, wie es allen Betroffenen ergeht, haben auch meine Kompensationsstrategien keine Lösung gebracht.

Frustrationstoleranz

Zum Abschluss meiner kurzen Übersicht einiger wichtiger psychologischer Begriffe möchte ich ein Thema aufnehmen, das nichts mit neurotischem Verhalten zu tun hat, sondern alle Menschen gleichermaßen betrifft. Es handelt sich um ein Verhalten, oder präziser ausgedrückt um eine Fertigkeit, die jeder Mensch in seiner Kindheit erlernen muss, nämlich Frustrationstoleranz. Das bedeutet, wir müssen lernen tolerant – man könnte auch sagen souverän – mit uns frustrierenden Erlebnissen im Leben umzugehen. Das ist keine leichte Aufgabe, denn um eine hohe Toleranz im Erwachsenenleben erreichen zu können, muss viele Jahre geübt werden, und dieses Training sollte in kleinen Schritten schon im Kleinkindalter, sprich ab ca. dem 1. Lebensjahr beginnen.

Es stellt die Eltern vor eine nervlich große Belastungsprobe, denn Babys kommen mit einer Frustrationstoleranz von 0% auf die Welt, was biologisch und existentiell sinnvoll ist; doch sollten sie im Laufe ihrer Entwicklung immer weiter die Stufen zu einer höheren Toleranz erklimmen, bis dann nach der Pubertät, idealerweise 100% erreicht werden. Dazu benötigen sie kontinuierlich die Unterstützung und das Verständnis ihrer Eltern. Dass diese Traummarke nicht erreicht werden kann, jedenfalls ist mir niemand bekannt, der das geschafft hat, einschließlich meiner Person, ist, denke ich, Realität.

Ein einfaches Beispiel zeigt dies sehr gut. Die Situation ist alltäglich: Wir kommen an einer Konditorei oder einem Sandwichstand vorbei und das verlockende Angebot erzeugt ein sofortiges Bedürfnis nach einem leckeren Stück Torte oder einem üppig belegten Brötchen. Gleichzeitig ist uns bekannt, dass wir am Abend zum Essen verabredet sind, also der Verzehr des Kuchens oder Brötchens jetzt sofort im Grunde genommen unnötig und unsinnig, vielleicht auch ungesund wäre. Jetzt heißt es die Impulskontrolle hervorzuzaubern, um den Frust, nicht alles sofort haben zu können, auszuhalten und sich vernünftig, gemäß der geplanten Ereignisse zu verhalten. Diese psychische Spannung zwischen der Verlockung und dem Verzicht fällt uns schwer.

Besonders für Kinder ist es eine große Leistung, die Bedürfnisbefriedigung auf später zu verschieben. Dieses Spannungsfeld erlebt jeder Mensch, die Umgehensweise damit ist aber sehr unterschiedlich ausgeprägt, je nachdem, wie gut eine Person auf diese innerpsychischen Konflikte vorbereitet und geschult wurde. Forscher haben herausgefunden, dass dies wiederum mit der Ich-Stärke zusammenhängt, und zwar in dem Maße, dass ein starkes Ich nur wenig in seinem Leben kompensieren muss und daher auch weniger anfällig für plötzlich auftretende Außenreize ist. Es geht seinen Vorhaben nach und lässt sich weniger stark irritieren. Kurz zusammengefasst fällt es ihm relativ leicht, eine Bedürfnisbefriedigung auf einen späteren Zeitpunkt zu verschieben, wenn dies angemessen und sinnvoll ist.

Sie haben erfahren, dass nur wenige Kinder sicher gebunden sind; hinzu kommt, dass sehr viele Eltern mit der anstrengenden Aufgabe, ihren Kindern den Weg zu ebnen, um die vielen „Neins" im Leben ertragen zu lernen, aus den verschiedensten Gründen überfordert sind. Daher erleben wir im Alltag, im Berufsleben und in der Politik, dass eine oft sehr niedrige Frustrationstoleranz sich im Erwachsenenalter fortsetzt und in Verbindung mit mangelnder Impulskontrolle sowie übermäßigem Kompensationsverlangen zu einem problematischen Verhalten beziehungsweise Lebensstil führt.

Selbstwirksamkeit

Dieser letzte Begriff befindet sich ebenso außerhalb neurotischer Verhaltensweisen und betrifft ein Bedürfnis, das alle Menschen haben. Er beschreibt die Erwartung eines Kindes oder Erwachsenen, eine Handlung selbständig herbeiführen zu können oder ein Problem mithilfe der eigenen Kompetenzen zu lösen – also das Vertrauen in die eigenen Fähigkeiten und Fertigkeiten. Kurz, es erschließt sich schon aus dem Wort, ein Ich möchte selbst etwas bewirken.

Diese Selbstwirksamkeitserwartung oder auch Hoffnung, findet sich in allen Entwicklungsstufen unserer Persönlichkeit wieder, beginnend mit einer positiven Bindungserfahrung. Vereinfacht ausgedrückt bewirken meine Handlungen eine positive Reaktion: Zunächst der Mutter, später meiner Freunde – ganz allgemein ein positives Feedback meines sozialen Umfeldes. Erfolgserlebnisse, ob im Sport oder in der Schule, lassen uns generell verstehen, dass wir etwas Sinnvolles leisten können. Auch in diesem Fall benötigen Kinder und Jugendliche die Unterstützung der Erziehenden, die ihnen das Selbstvertrauen in die eigenen Kompetenzen vermitteln. Gelingt dies, so wird es im späteren Leben dazu führen, Herausforderungen anzunehmen, sich erfolgreich im Wettbewerb zu behaupten und ganz grundsätzlich selbständige Entscheidungen zu treffen. Ist dies nicht der Fall, wird es schwierig.

Als unsicher-ambivalent gebundenes Kind, dem zusätzlich andauernd vermittelt wurde, eine Enttäuschung, dumm und schlecht zu sein, konnte sich das Vertrauen in meine Kompetenzen nicht ausgeprägt genug entwickeln. Verständlicherweise sind mir dadurch eigenständige Entscheidungen, wie die der Berufswahl, sowie das Erfüllen eigener Wünsche unmöglich gewesen. Und wenn es mir doch gelang, so hatte ich stets das Gefühl, nicht wirklich erfolgreich gewesen zu sein. Eine stärkere Selbstwirksamkeit habe ich erst später im Rahmen meiner Therapie entwickeln und ausbauen können.

Über Neurobiologie

Zu Beginn meiner therapeutischen Arbeit hatte ich kaum eine Vorstellung davon, wie unser Gehirn funktioniert bzw. welch gewichtige Aufgabe es in unserem Leben einnimmt. Da meine Therapeutin die Methode der Neuropsychotherapie anwendet, war es notwendig, zumindest die wichtigsten Gehirnareale kennenzulernen, die für unsere Verhaltensweisen und Bewertungsmechanismen zuständig sind. Diese werden im Folgenden beschrieben – keine Sorge, ich werde mich auf die wenigen Grundbegriffe beschränken, die insbesondere für die „Innere Kind Arbeit", deren Inhalt Sie, wie angekündigt, noch kennenlernen werden, von Bedeutung sind. Für diejenigen unter Ihnen, die es genauer wissen möchten, gibt es umfangreiche Literatur, die sich mit diesem Thema fachkundig und ausgiebig beschäftigt. Eine kleine Auswahl persönlicher Empfehlungen finden Sie im Anhang des Buches. Ich bleibe bei einer knappen Beschreibung der wenigen Areale.

Es ist spannend zu lesen, was Wissenschaftler vor langer Zeit über das Gehirn geschrieben haben. Es mussten weitgehend Spekulationen sein, da ihnen keine technischen Apparaturen zur Verfügung standen, um in das Gehirn hineinzusehen, so wie es heute durch die bildgebenden Verfahren gelingt. Diese Möglichkeit, das Gehirn in Aktion beobachten zu können, hat nicht nur für Neurowissenschaftler, sondern auch für Psychotherapeuten neue Arbeitsansätze eröffnet. Einer davon ist die schon erwähnte Neuropsychotherapie. So konnte, unter anderem, bewiesen werden, dass Gefühle und Denkprozesse immer wieder nach bestimmten Regeln in immer gleichen Gehirnarealen ablaufen. Diese Abläufe machen klar, wie und warum menschliche Handlungen entstehen und wie wir darauf Einfluss nehmen können. Dadurch wurde eine Brücke zwischen den geisteswissenschaftlichen Disziplinen der Psychologie und Psychotherapie und den naturwissenschaftlichen Disziplinen der Medizin und Neurologie geschlagen.

Limbisches System und Präfrontaler Cortex

Um die Sache einfach zu machen, werde ich die zwei Bereiche des Gehirns beleuchten, die für unseren Zweck ausschlaggebend sind, und zwar das *Limbische System* und der *Präfrontale Cortex*. Beide Teile haben verschiedene Aufgaben und entstehen in unterschiedlichen Entwicklungsstadien des Menschen.

Der Ablauf ist wie folgt: Wann immer wir etwas wahrnehmen, egal, ob es sich um eine optische, geschmackliche, akustische oder haptische Wahrnehmung handelt, landet sie zunächst im Limbischen System. Dieses ist der Dreh- und Angelpunkt unseres Gefühlslebens – unserer Psyche – und entsteht bereits vorgeburtlich. Es arbeitet unbewusst und beeinflusst alle unsere Entscheidungen, da es dem Präfrontalen Cortex (PFC im Folgenden), dem Teil des

Gehirns, wo planerisches Denken, soziales und moralisches Handeln – kurz die Ratio beheimatet sind, vorgeschaltet ist. Der PFC wird erst in späteren Jahren unseres Lebens voll funktionsfähig.

Wenn wir also annehmen in der Lage zu sein, rein rational agieren zu können, so ist dies schlichtweg unmöglich, da jeder Gedanke immer den gleichen Weg, wie eine Uhr, also erst durch das Limbische System und dann zum PFC durchläuft, so dass jedwede „Botschaft" emotional gefärbt dort ankommt. Und zwar ohne, dass wir Einfluss darauf hätten. Das bedeutet, dass es keinen Gedanken gibt, der nicht emotional gefärbt wurde.

Zudem verarbeitet das Limbische System Informationen um ein Vielfaches schneller, als der rationale PFC. Das bedeutet, dass selbst, wenn wir uns bewusst Mühe geben, rational zu denken oder zu handeln – das limbische System schneller war und bereits eine emotionale Bewertung der Situation abgegeben hat, die dann zwangsläufig und unvermeidbar all unsere Aktionen beeinflusst, ob wir das wollen oder nicht.

So gesehen hatte Sigmund Freud, der seine Tätigkeit als Neurologe aufgab, weil er die Grenzen der damaligen technischen Möglichkeiten frühzeitig erkannte, mit seiner Intuition, dass wir nicht Herr im eigenen Haus seien, Recht. Es sind die nicht bewussten, abgespeicherten Gefühle, die die Führungsrolle in unserem Haus, dem Gehirn, übernehmen. Glücklicherweise ist dies jetzt auch neurobiologisch nachweisbar.

Nun müssen wir uns das Limbische System noch genauer ansehen, wobei drei Areale von besonderer Bedeutung sind. Beginnen wir mit der Amygdala, auch Mandelkern genannt. Hier sind emotionale Inhalte abgespeichert – vom frühkindlichen Alter bis zur Pubertät. Sie ist daher der Dreh-und Angelpunkt in Sachen Angst. Egal, um welche Angststörung es sich handelt, ob Generalisierte Angststörungen, Panik, Posttraumatische Belastungsstörungen (PTSD abgekürzt) oder Phobische Ängste, sie ist immer beteiligt.

Natürlich gibt es klare diagnostische Unterschiede, d.h. ein Therapeut würde eine Phobie anders behandeln als eine PTSD. Ich vertiefe diesen Punkt aber an dieser Stelle nicht, da es um das allgemeine Verständnis, wie und warum die Amygdala die „Schaltzentrale" aller Ängste darstellt, geht. Dass genetisch-individuelle Veranlagungen und/oder Prägungen manche Menschen empfänglicher und andere unempfindlicher machen, was die körperlichen Auswirkungen betrifft, wenn sie aktiviert wurde, ist wissenschaftlich bewiesen.

Schauen wir uns also die generellen Aufgaben und Wirkungsweisen an, so wie sie evolutionär entstanden sind.

Im Kapitel vom Wesen der Angst bin ich auf die Schutzfunktion eingegangen, die Angst bzw. Furcht unser Überleben darstellte. Noch heute ist sie unser wichtigstes Alarmsystem und hütet uns davor, zu leichtfertig unbekannte Risiken einzugehen, die je nach Persönlichkeitsstruktur anders bewertet werden. Woher kommen diese individuellen Unterschiede? Das liegt daran, dass die Amygdala ein Speicherplatz für das ist, was vom frühkindlichen Alter an erlebt und dadurch geprägt worden ist, z. B. Ablehnung, Schmerz, Kummer, Traurigkeit, Freude, Wut, Neugierde bzw. Risikobereitschaft. Es ist der Ort, neben dem Episodischen Gedächtnis, an dem die wesentlichen Erlebnisse des Lebens tief verankert sind. Man kann also sagen, dass unsere unbewussten Erinnerungen, jede auf uns zukommende Situation blitzschnell emotional bewerten. Erst dann kommt die Handlungsentscheidung durch den PFC – vom Gefühl also bereits beeinflusst, wie oben beschrieben.

Das ist eine gute und schlechte Nachricht zugleich, denn wenn ich von diesem beschriebenen Regelkreis keine Kenntnis habe, dann werden meine Handlungen immer von den früh geprägten oder auch erlernten Ängsten bestimmt bleiben – es gibt dann keinen Ausweg! Ich werde immer angstgeleitet bleiben. Der Vorteil für die therapeutische Arbeit hingegen ist, dass man den PFC dahingehend trainieren kann, dass er einen hemmenden Einfluss auf die Aktivität der Amygdala und somit auch auf Ängste ausübt. Damit ist schon viel gewonnen, denn leider lässt sich das in sie einmal eingespeicherte „Wissen" nicht löschen. Wie das genau vor sich geht, können sie in den Kapiteln: *Lernen und Neuroplastizität* und *Die Innere Kind Arbeit* nachlesen.

Neben der Amygdala ist das Belohnungssystem, der *Nucleus Accumbens*, von Bedeutung. In diesem Areal wird alles gespeichert, was wir als begehrenswert und lustvoll erfahren haben oder dies zumindest annehmen. Informationen, die positiv bewertet werden, lösen je nach Person und Situation starkes bis drängendes Begehren aus und motivieren unsere Handlung entsprechend. Das im vorherigen Kapitel beschriebene Beispiel des Wunsches nach einem Stück Torte oder einem schmackhaften Brötchen wird von diesem Kern beeinflusst. Seine zweite Aufgabe steht im Zusammenhang mit unserem Problemlöseverhalten oder mit Situationen, in denen uns etwas Außergewöhnliches gelungen ist. Jeder kennt das Hochgefühl, das wir empfinden, wenn wir eine harte Nuss im Beruf geknackt oder ein ehrgeiziges sportliches Ziel erreicht haben. Diese Erfolgserlebnisse, die selbstverständlich ebenso gespeichert werden, spornen uns an, auch in Zukunft kompliziertere oder schwierigere Ziele erreichen zu wollen und sind damit der Motor für Kreativität und Leistung. Denn alles, was uns erfreut oder gutgetan hat, wollen wir wiederholen, genauso wie positiv Überraschendes.

Dieser Wiederholungswunsch oder Zwang kann zu Suchtverhalten führen, der vom Nucleus Accumbens gesteuert bzw. befeuert wird. Wenn ein einmaliges Erlebnis des Rausches oder der Sedierung sehr positiv bewertet wurde, kann diese Erfahrung starke Begehrlichkeiten wecken.

Im Zusammenspiel zwischen Amygdala und Nucleus Accumbens gibt es eine unheilvolle Verknüpfung, die wir alle bestens kennen. Befinden wir uns in einem emotionalen Stresszustand, in Auf- oder Erregung, greifen wir häufig instinktiv zu einem uns beruhigenden oder belohnenden Stoff. Dies kann z. B. Schokolade, Alkohol, Nikotin, anderer Konsum oder Sex sein. Das bedeutet, dass ein als unangenehm empfundener Zustand durch einen positiven Impuls des Belohnungssystems abgemildert wird, was zu Entspannung führt. Negativ wirkt sich diese Verknüpfung aus, da sich auf diese Weise dauerhaft ein kompensatorisches Verhalten entwickeln kann, insbesondere dann, wenn die Amygdala permanent in Alarmbereitschaft ist und wir nicht gelernt haben, anders als durch Kompensation die Erregung abzumildern. Dies geschieht z. B., wenn Angstzustände zum Alltagsleben geworden sind. Grundsätzlich ist sie segensreich, da sie auf natürliche Weise zur Beruhigung beiträgt. Mehr darüber werden Sie im Kapitel *Botenstoffe* lesen, wo ich unter anderem auf das Auf und Ab zwischen Erregung und Beruhigung eingehen werde.

Der dritte im Bunde ist der Hippocampus – auch Seepferdchen genannt. Er ist unter anderem der Organisator des episodischen – also des erlebten – und des Wissensgedächtnisses. Hier wird entschieden, warum wir uns in ähnlichen Situationen, mit denen wir konfrontiert sind, immer wieder ähnlich verhalten oder nicht. Und das geht so: Bei jeder Begebenheit unseres Lebens fragt der Hippocampus die gespeicherten Gedächtnisinhalte nach bekannt oder unbekannt ab. Je nachdem, welche Informationen er z. B. von der Amygdala oder dem Nucleus Accumbens erhält, leitet er diese an den PFC weiter, um zu reagieren. Dann wiederholen wir eine Handlung, freuen uns auf eine Herrausforderung oder schrecken vor ihr zurück. Die Wiederholung ist in unserem Gehirn besonders beliebt, da sie wenig Energie kostet und uns in den meisten Fällen als die einfachste Lösung erscheint.

Schwieriger ist es, wenn es keine Entsprechung für die aktuelle Situation gibt. Dann ist etwas neu, und das kann Stress auslösen. Fühlen wir uns noch dazu bedroht oder haben das Gefühl der Überforderung, wird die Amygdala aktiviert und wir reagieren zunächst nach alten, frühzeitlichen Mechanismen mit Angriff, Erstarrung oder Flucht, d.h. wir werden aggressiv, hilflos oder laufen vor einer Situation davon. Andererseits kann Stress auch neue Handlungsalternativen hervorrufen; wir wachsen durch die neue Situation quasi über uns hinaus, meistern sie. Dieses erfreuliche Erlebnis wird natürlich ebenso im Gedächtnis abgespeichert und steht uns dann für die Zukunft zur Verfügung. So lernen wir auch in Stresssituationen dazu, wenn es gelingt, diese zu meistern, sei es allein oder weil wir schlau genug waren, uns Hilfe zu suchen.

Botenstoffe / Neurotransmitter

Nachdem Sie die Interaktion zwischen dem limbischen System und dem PFC kennengelernt haben, widme ich mich jetzt den Botenstoffen, denn – auch wenn es schwer vorstellbar ist – das Gehirn ist zu großen Teilen ein Chemielabor. Jede Aktion, ob wir fühlen, denken oder handeln, all das beruht auf chemischen und elektrischen Impulsen. Neurotransmitter, auch Botenstoffe genannt, sind, wie er Name es sagt, Stoffe, die dafür sorgen, dass Informationen von einer Zelle des Gehirns in die andere gelangen. Sie überbrücken, wenn sie durch die verschiedenen Areale angeregt werden, in einer bestimmten Menge den Raum, auch Spalt genannt, der zwischen den einzelnen Zellen besteht, docken sich wie bei einem Ladegerät an und entladen sich. So werden die unterschiedlichen „Botschaften" innerhalb unseres Körpers und Gehirns an die betroffenen Stellen weitergegeben. Man kann sagen, dass man dann klar im Kopf – oder emotional ausgeglichen ist, wenn die Menge an Botenstoffen, die produziert wurde, genau das richtige Maß hat, das wir sowohl für unser Wohlbefinden als auch für kluge Entscheidungen benötigen und entsprechend gut funktionierende docking stations an den Zellen vorhanden sind. Werden zu viele oder zu wenige Botenstoffe hergestellt oder entstehen Fehler bei der Übertragung, dann ist der Informationsfluss davon beeinflusst. Das kann bedeuteten, dass wir dadurch Ereignisse falsch interpretieren, z. Bsp. eine positive Situation zu überschwänglich, eine negativere als eine Katastrophe wahrnehmen. Niedergeschlagenheit oder rauschhafte Begeisterung können die Folge sein; beide Extreme entsprechen sehr oft nicht der Realität und machen uns dann das Leben schwer.

Interessant in diesem Zusammenhang ist das Thema Stress, von dem oben bereits im Zusammenhang mit der Amygdala die Rede war. Das heißt, wenn wir in eine

Stresssituation geraten, dann reagiert unser Gehirn und unser Körper deshalb wie beschrieben nach den uralten Mustern, weil unter anderem die Botenstoffe Adrenalin, Noradrenalin und Cortisol ausgeschüttet werden, je nach Intensität des empfundenen Stresses. Sie versetzen unseren Körper in Alarmbereitschaft, wenn die Amygdala den Impuls vorgibt. Nun wird der Blutdruck angeregt – die Muskeln werden angespannt, wir bekommen Kraft und sind hoch konzentriert. Dieser immer gleich ablaufende Vorgang dient der Gefahrenabwehr, sowohl bei realer als auch bei lediglich empfundener Bedrohung.

Ist der Stress bewältigt worden, sorgen Serotonin und Dopamin, die Botenstoffe, die das Gegenteil bewirken, dafür, dass sich der Körper wieder beruhigen kann. Gefahr erkannt – Gefahr gebannt. Ruhe kehrt ein!

Der Wechsel zwischen Anspannung und Entspannung spielt eine wesentliche Rolle im Zusammenhang mit unserem seelischen Gleichgewicht. Also gilt: Läuft beim Heranwachsen alles gut, ist die Wahrscheinlichkeit groß, dass ein Mensch ein adäquates Verhalten bei Erregung entwickelt und sich in angemessenem Maße auch wieder beruhigen kann. Dann werden Stresshormone in ausreichendem Maße ausgeschüttet, um auf eine stressende Situation zu reagieren und die Beruhigung setzt zum richtigen Zeitpunkt ein.

Neuere Forschungsergebnisse zur Fragestellung, warum Menschen so unterschiedlich auf Stress reagieren, haben gezeigt, dass schon während der Schwangerschaft die Grundlage für die Verarbeitung stressiger Situationen angelegt wird. Das heißt, eine für die Mutter schwierige Schwangerschaft bewirkt, dass das ungeborene Kind bereits durch die Nabelschur mit Stresshormonen versorgt wird. Kommen zusätzlich negative Erlebnisse während der Bindungsphase hinzu, dann lebt ein Säugling oder Kleinkind in ständiger Anspannung, da es dauerhaft mit diesen Botenstoffen belastet wird. So können Schädigungen des Beruhigungssystems entstehen, die im späteren Leben dazu führen, dass ein Mensch übermäßig ängstlich wird, leicht reizbar ist, sich unangemessen schnell aufregt und es ihm schwerfällt, wieder „runterzukommen". Das zeigt erneut, wie nachhaltig negative Bindungserfahrungen auf das gesamte Leben einwirken. Auch mangelnde Impulskontrolle und Kompensationsverhalten, die ich an anderer Stelle beschrieben habe, können die Folge sein.

Meine ambivalent-unsichere Bindungserfahrung hat dazu geführt, dass ich eine Angststörung entwickelt habe. Dies bedeutet, dass meine Amygdala, aufgrund des jahrelangen Stresses, den ich erlebt habe und der sich daraus entwickelt habenden Angst, ständig gereizt gewesen ist. Sie hat mich dauerhaft mit Stresshormonen überflutet, rationale Entscheidungen wurden immer schwieriger und je länger dieser Zustand angehalten hat, desto schwieriger wurde es für mich, diese Belastung auszuhalten oder mich zu beruhigen – bis ich zusammengebrochen bin.

Lernen und Neuroplastizität

Auch wenn die wichtigsten Weichen unseres Lebens bereits sehr früh gestellt werden, gibt es die Möglichkeit zu Veränderung. Das Zauberwort heißt: Lernen. Alle mir bekannten Neurowissenschaftler haben herausgefunden, dass neue Erfahrungen, die wir erleben, zu neuen neuronalen Vernetzungen im Gehirn führen, für die unter anderem der Hippocampus zuständig ist. Sind diese Erfahrungen positiv, wie zum Beispiel bei einer gut geführten Therapie, kann es gelingen, dass alte Erfahrungen, die zu einem neurotischen Verhalten geführt haben, zwar nicht gelöscht, aber durch neue Lernerfahrungen „überschrieben" werden. Und je mehr man diese aktuell erlernten Erkenntnisse, Verhaltensweisen oder Fertigkeiten übt und nutzt, desto stärker werden neue Vernetzungen ausgebaut und verändern das Gehirn.

Diese Fähigkeit, sich in seiner Struktur immer wieder zu erneuern, nennt man *Neuroplastizität*. Es ist für mich die großartigste Erkenntnis der Neurowissenschaft, dass wir bis ins hohe Alter hinein lernen können. Nicht nur der Erwerb von Wissen ist damit gemeint, sondern auch durch Reflektion, Interaktion mit anderen Menschen und aufmerksamer Beobachtung unserer Lebensführung wird dieser Prozess in Gang gesetzt. Ein Vorgang, der nie endet, so lange wir leben.

Die Innere Kind Arbeit

Wie ich schon berichtet habe, hat meine Therapeutin für ihre Arbeit den Ansatz der Neuropsychotherapie gewählt, die die Erkenntnisse der Neurobiologie mit den Techniken der klassischen Psychotherapie verbindet. Ein gewichtiger Teil unserer Arbeit war die Innere Kind Arbeit.

Theoretisch gesprochen nutzt sie einerseits, ähnlich, wie andere Therapieformen auch, die Inhalte, die in unserem Gedächtnis abgespeichert und uns zugänglich sind. Die Kenntnis darüber, dass das, was wir in frühester Kindheit, ca. ab dem 3. Lebensjahr, und während unserer Jugend erlebt und gefühlt haben, also die gesamte Bandbreite von Freude, Angst, Wut, Schmerz und Glück, die als Erinnerungen im episodischen Gedächtnis vorhanden sind, hilft, das Entstehen der belastenden neurotischen Verhaltensweisen zu verstehen. Diese Erinnerungen werden hervorgeholt, mit ihnen wird gearbeitet – und zwar in Form von Gesprächen mit unseren inneren Anteilen – den inneren Kindern.

Andererseits stützt sich die Innere Kind Arbeit auf das Wissen, dass unser Erleben und Handeln über weite Strecken limbisch, sprich kindlich gesteuert ist und die Interaktion der verschiedenen Gehirnareale auf „Reizung", sprich Trigger, deren Bekanntschaft sie auch schon gemacht haben, beruht. Das ist der Dreh-und Angelpunkt der inneren Dialoge, der uns die Möglichkeit gibt, auf das Geschehen einzuwirken. D.h. Erregungen zu hemmen oder zu fördern. Wir lösen sozusagen gedanklich eigene zielgerichtete

Trigger bewusst aus oder können auf durch Außenreizen auftretende Trigger beruhigend antworten.

Das hört sich für Sie wahrscheinlich furchtbar kompliziert an, ist es aber nicht. Denn durch den Trick, den wichtigsten Akteuren in unserem limbischen System eine „Gestalt" zu geben, sie zu einem Ansprechpartner zu machen, kann dies gut gelingen.

Wie sieht diese Arbeit praktisch aus – wie kann ich auf das limbische System einwirken? Da es kindlicher Natur ist, liegt es nahe, es von inneren Kindern „bewohnen" zu lassen. Sie sind Artefakte und stellen unterschiedliche Persönlichkeitsanteile in uns dar.

Wie ich meine inneren Kinder fand

Damit Sie sich ein besseres Bild machen können, werde ich von meinen ersten Schritten berichten, die mich zu meinen kindlichen Anteilen geführt haben. Es gibt diesbezüglich verschiedene Methoden, auf die ich später noch eingehen werde, aber zunächst will ich meinen Weg beschreiben.

Um die Arbeit konkret beginnen zu können, bat mich meine Therapeutin, das Album mit meinen Kinderfotos für die nächste Stunde mitzubringen. Wir schauten uns die Bilder zusammen an, auf der Suche nach den Fotos, die am besten zu meinen Ängsten passen könnten. Es war schon ein sehr mulmiges Gefühl zu erkennen, wie früh in meinem Leben Körperhaltung und Gesichtsausdruck bereits meine jetzigen Gefühle widerspiegelten. Es hatte sich in den letzten 40 Jahren emotional nichts geändert. Ich konnte sehen, wie alt meine Ängste waren, das war erschütternd, aber auch sehr hilfreich. Denn jetzt bekamen meine Gefühle ein Gesicht.

Nachdem ich zwei Fotos verschiedener Altersstufen ausgesucht hatte, machte ich mich auf die Suche nach dem Gegenteil, nämlich meinem übermütigen Anteil und wurde fündig. Ich rahmte die Fotos, die von nun an auf meinem Schreibtisch stehen, und gab ihnen Namen. So kamen Karlchen, Paul und Mischa in mein Leben, von denen ich noch berichten werde.

Ich denke, dass es jetzt auch für Sie klarer geworden ist, dass die Inhalte der Amygdala nun von Karlchen und Paul, den beiden ängstlichen Kindern, repräsentiert werden und Mischa, der übermütige, lustbetonte, im Nucleus Accumbens beheimatet ist. Diese Kinder – es hätten auch mehr als drei sein können – werden durch Dialoge angesprochen– getriggert – wie Selbstgespräche, die wir oft mit uns führen – nur mit verteilten Rollen.

Meine Aufgabe war es jetzt, mir unangenehme, mulmige Gefühle, Ängste oder Stress, die durch Umwelteinflüsse angeregt wurden, bewusst zu machen, erst einmal Stopp zu sagen und zu fragen: Was ist denn plötzlich los mit mir? Um dann im zweiten Schritt herauszufinden, welches Kind sich gerade meldet, um mit ihm ins Gespräch zu kommen. Oder, wie Eckardt von Hirschhausen so treffend sagte: „Wer spricht denn da"?

Das bedarf einiger Routine. Ein Ritual half mir dabei und das geht so: Jeden Morgen und Abend habe ich mich vor meine gerahmten Fotos gesetzt und versucht Kontakt aufzunehmen, indem ich die Frage an die Kinder stellte: „Wie geht es euch?" Oder „Wie war euer Tag?". Diese Übung kostete mich einige Überwindung; es hatte schon etwas sehr seltsames, vor drei Fotos zu sitzen und mit ihnen zu sprechen. Aber als die erste Scham verflogen war, gelang es mir tatsächlich, Antworten zu bekommen. Die Kinder begannen mit mir zu sprechen und ich konnte ihre Antworten zuordnen. Wenn z. B. auf meine Frage, wie denn der Tag so gewesen war, sich in meinem Kopf die Meinung breit machte, dass es ein sehr öder Tag war und dass es endlich mal wieder Zeit wurde, dass etwas „action" passiert, dann wusste ich, dass Mischa sich langweilte.

Je nachdem wie intensiv Sie üben, wird jedes Kind irgendwann einmal antworten. Basierend auf Erinnerungen, erzählen sie ihre Geschichten, berichten von ihren Gefühlen, teilen ihre Ansichten mit. Auf einmal wurde mir klar, dass sehr viele Stimmungen, Ängste, Bedenken oder Sorgen eben von den Kindern bestimmt werden und oft wenig mit einer realistischen erwachsenen Sichtweise zu tun haben. Ich werde dies noch in den beispielhaften Dialogen beschreiben, wie sich die Einflussnahme der kindlichen Anteile auf die Bewertung oder das Empfinden bestimmter Situationen auswirkt. Man muss schon manchmal mit ihnen ringen, um Sicherheit zu vermitteln und Ruhe aufkommen zu lassen. Aber es lohnt sich auf jeden Fall, auch wenn es zunächst befremdlich anmuten mag.

Bliebe noch zu beantworten, wer fragt? Dafür hat die Technik, die ich erlernt habe, ebenso eine, auf der Neurobiologie basierende Antwort, nämlich der Vater oder die Mutter der Kinder, sprich das vernunftbegabte Areal des PFC. Er wird zur Autorität im positivsten Sinne, der verständnisvolle, liebende Erwachsene, der maximales Verständnis für seine Kinder hat, aber die Zügel dabei fest in der Hand hält. Diese Technik hat zudem den Vorteil, dass sie die Gewichtung innerhalb des Gehirns, also zwischen dem von Natur aus mächtigen Limbischen System und dem schwächeren PFC, gewissermaßen umkehrt. Durch die Rolle des/der bestimmenden Vaters/Mutter trainieren wir unseren „Denkapparat". Wir gewöhnen uns mit der Zeit daran, unsere Gefühle zu reflektieren und ihren Wahrheitsgehalt zu hinterfragen.

Ist es wahr oder falsch, angemessen oder überzogen, was da von unserem Gefühlsapparat, sprich unseren inneren Kindern erzählt wird? Ist eine Situation, die wir als bedrohlich empfinden, wirklich bedrohlich oder handelt es sich um eine subjektiv empfundene irrationale Angst? Dadurch verliert das Limbische System an Macht. Es ist nicht mehr das alles beherrschende System, das unsere Handlungen spontan bestimmt, sondern wird durch die gedankliche Analyse des PFC sozusagen ausgebremst. Er gewinnt an Bedeutung und Kraft. Eine irrational empfundene Angst verliert so ihre diffuse Wirksamkeit und kann als solche erkannt werden.

So entsteht im Laufe der Zeit ein ausgewogeneres Verhältnis zwischen diesen Gehirnarealen – eine Balance zwischen unseren kindlichen Bedürfnissen und Nöten einerseits und den erwachsenen Wünschen und Notwendigkeiten andererseits. Anders gesagt, es gelingt Schritt für Schritt das, was Psychologen unter Selbstregulation verstehen. Das heißt, man lernt sowohl seine Impulse besser zu kontrollieren bzw. zu regulieren, Kompensationen zu minimieren, um schlussendlich eine erhöhte, gestärkte Selbstwirksamkeit zu erreichen, die wiederum das Ich stärkt.

Dieses System der Selbstregulierung ist nicht nur segensreich bei der Bekämpfung von Ängsten, sondern es wirkt positiv bei jedem Menschen, der seine Pläne verwirklichen möchte.

Die Dialoge mit den Kindern führt also der erwachsene Elternteil, stellvertretend für den PFC – sprich ich als Vater – im Falle einer Klientin – die Mutter. Als Klient habe ich nun innere Söhne – eine Klientin Töchter. Es wird also das gelernte Bild des Familiensystems auf die therapeutische Arbeit übertragen. Die ursprüngliche, oft schädigende Herkunftsfamilie wird durch eine *ichige*, neu geschaffene Familienstruktur ersetzt. Daher wird mein Vater in den Gesprächen mit den inneren Kindern Opa genannt und meine Mutter Oma. Ein grundlegender Paradigmenwechsel, durch den der Abstand zu meiner Herkunftsfamilie vergrößert wird.

Als Vater meiner inneren Kinder liebe, beschütze und versorge ich sie – mache also das genaue Gegenteil dessen, was die Schädigungen meiner Persönlichkeit hervorgerufen hat. Und – was sehr wichtig ist – ich nehme alle inneren Kinder gleichermaßen an, auch wenn sie vielleicht ein tief sitzendes Verhalten aufweisen, was der erwachsene Vater als anstrengend oder unangenehm empfindet. Es sind halt Kinder, die wie im richtigen Leben agieren, und dies nicht immer zu unserer Zufriedenheit. Zudem sehen sie die Welt mit Kinderaugen und benötigen den Erwachsenen, um ihnen diese zu erklären, damit sie die Entscheidung des Erwachsenen auch nachvollziehen können. Denn ein guter Elternteil bestimmt nicht nur, er versucht Verständnis zu wecken.

Andere Formen der Therapiearbeit

Bevor ich Ihnen meine „Kinder" und die Arbeit mit ihnen anhand von beispielhaften Dialogen vorstelle, ist mir der Hinweis wichtig, dass es Alternativen zur Inneren Kind-Arbeit gibt. Je nachdem, welche Methode Ihr*e Therapeut*in bevorzugt. Ich denke, es wurde deutlich, dass es bei der dialogischen Arbeit um Imagination geht, die benutzt wird, um inneren Konflikten eine Gestalt zu geben, die dann als „Gesprächspartner" dem Klienten zur Verfügung steht.

Beispielsweise könnten als Ansprechpartner auch Tiere gewählt werden. Das ängstliche, scheue Rehkitz namens Bambi hätte seinen Gegenpart im raffinierten Fuchs namens Clever. Diese Methode verwenden häufig Kinder-

und Jugendtherapeuten. Oder wenn Sie, aus welchen Gründen auch immer, keine Kinderfotos besitzen, dann funktionieren auch Märchen oder Romanfiguren. Da würde z. B. die ängstliche Annika der mutigen Pippi Langstrumpf gegenüberstehen. Der Phantasie sind also keine Grenzen gesetzt.

Als letztes Beispiel möchte ich die *Ego-State-Therapie* erwähnen, die häufig bei traumatisierten Menschen angewandt wird, aber nicht nur dort. Letztlich geht es auch bei ihr um die verschiedenen Ich-Anteile in der Psyche, die ebenso erkannt und angesprochen werden, wie die inneren Kinder oder Figuren Ihrer Wahl.

Wichtig ist, dass Sie sich mit den Artefakten anfreunden können und Sie von Ihrem*r Therapeuten*in geführt und unterstützt werden. Er oder sie wird Ihnen helfen, die ersten Dialoge zu führen, egal ob schriftlich oder mündlich, wird emotionale Erschütterungen, die durchaus bei der Dialogarbeit auftreten können, auffangen, damit diese von Ihnen verarbeitet werden können.

Meine inneren Kinder

Nun zurück zu mir. Damit Sie sich ein Bild von meinen „Söhnen" machen können, möchte ich sie Ihnen vorstellen.

Der Kleinste – Karlchen – ist ca. 4 Jahre alt. Er hat sich gemeldet, da ich als 7-Montaskind auf die Welt gekommen bin und die traumatische Erfahrung des Brutkastens und die Vernachlässigung der ersten Lebensjahre verarbeiten musste. Er ist sensibel, ängstlich, fühlt sich bedroht und sucht daher intensiv nach Wärme und Schutz.

Paul – ca. 8 bis 10 Jahre alt – ist der zäheste meiner inneren Söhne und entspricht dem ängstlichen Kind. Spontan, einfühlsam, hilfsbereit, aber auch einsam und unverstanden, sucht er nach der lang ersehnten Anerkennung meines Vaters (im weiteren Opa genannt). Paul leidet unter der Unterdrückung seiner Bedürfnisse nach Ausgelassenheit, Verspieltheit und Bewegungsdrang. Er ist oft sehr traurig, aber auch neugierig und möchte alles sehr genau wissen. Er hat gerne Lösungen parat, die meist darauf abzielen, sich durch Vorleistung die Liebe und Anerkennung des Gegenübers – insbesondere Opas – zu erarbeiten. Auch ist er derjenige, der wegen seiner Ängstlichkeit Konflikte vermeiden möchte und sich lieber anpasst, als zu widersprechen.

Ihm folgt Mischa, der ca. 12 bis 15 Jahre alt ist und dem übermütigen Kind entspricht. Er ist gesellig, rauschhaft im Erleben positiver Ereignisse, von denen er gerne mehr haben möchte, empathisch, selbstbewusst und kennt sehr genau die Themen und Inhalte, die ihn interessieren. Aber er ist auch wütend auf Opa und Oma, die ihm und seinen Brüdern so viel Negatives angetan haben. Er hat einen ausgeprägten Gerechtigkeitssinn.

Meine Kinder besitzen, wie alle Kinder, sehr unterschiedliche Charaktere, auf die in jeweils individueller Weise eingegangen werden muss, um sie erreichen zu können.

Sie sind meine neue Familie, mit der ich seit einigen Jahren lebe und die es mir ermöglicht hat, das alte schädigende Familiensystem obsolet werden zu lassen. Meine inneren Söhne kennengelernt zu haben, ist eines der schönsten Erlebnisse meines Lebens. Erstaunlich ist dies nicht, da es ja die Persönlichkeitsanteile sind, die durch Erziehung und mangelnde Bindungserfahrung unterdrückt worden sind und sich nun endlich unter der Führung des erwachsenen, liebevollen Vaters entfalten können. Auch müssen sich die Kinder nicht mehr fürchten, da ich mich schützend vor sie stelle. Wichtig im Zusammenspiel mit meinen inneren Kindern ist, dass die Hierarchie zwischen dem „wisssenden" erwachsenen Vater und den verspielten, die Welt aus ihren kindlichen Prägungen heraus sehenden bzw. empfindenden Söhnen, klar geregelt ist. Ich habe Verständnis und Liebe für meine Kinder, beschütze und versorge sie – etwas, was ich selbst nie erfahren habe und mir daher unbekannt war. Aber ich muss sie auch oft bremsen, wenn die Pferde mit ihnen durchgehen, sich irrationale Ängste breitmachen und sie versuchen ihre Vorstellungen oder Handlungsempfehlungen durchzusetzen.

Um, wie oben beschrieben, die gewünschte Stärkung des PFCs (jetzt des Vaters) erreichen zu können, muss ein innerpsychischer Abstand zwischen ihm und dem vorschnell agierenden LS geschaffen werden, damit der Vater unbeeinflusster denken und handeln kann. Hierfür hat die Innere Kind Arbeit ein weiteres Instrument im „Werkzeugkasten"- den Schutzraum, der folgendermaßen funktioniert:

Die inneren Kinder (also das LS) mischen sich gerne in die Angelegenheiten des erwachsenen Vaters ein, um die Richtung des Handelns zu bestimmen. Bis zu den ersten inneren Dialogen sind sie es ja gewöhnt gewesen, in allen Lebenslagen mitzureden. Jetzt geht es darum, sie durch direkte Ansprache, vom erwachsenen Entscheidungsprozess abzukoppeln.

Als verantwortungsvoller Vater weiß ich, dass es Situationen gibt, die den Kindern unangenehm sein oder aber auch Angst machen können und in denen ihr kindlicher „Ratschlag" weder sinnvoll noch hilfreich ist. Ganz allgemein sind dies Situationen, bei denen es um sachliche Inhalte geht: den Beruf, Konflikte im zwischenmenschlichen Bereich und natürlich Zusammentreffen mit „Oma und Opa". Deshalb bringe ich die Kinder vor einem solchen Termin gedanklich, in Absprache mit ihnen, in ihren jeweiligen Schutzräumen unter. Also ein Ort, den sie als umfangend und sicher empfinden, der nichts Bedrohliches hat und in dem sie ganz einfach Kind sein können. Der Schutzraum kann ein imaginiertes Baumhaus, ein wohliger Ort bei einem geliebten Menschen oder Tier, das heißt ein Platz sein, den die Kinder mögen. Paul zum Beispiel liebt die Küche meiner Tante. Dort kann er spielen, bekommt die Aufmerksamkeit, die er benötigt, er fühlt sich unbekümmert und geborgen – genau das, was ich als Kind dort auch erlebt habe.

Wenn ich – der Vater – weiß, dass die Kinder gut untergebracht sind und sie mir, aus welchen Gründen auch immer, nicht in meine Angelegenheiten hineinreden werden, da ich für inneren Abstand gesorgt habe, kann ich Situationen, die ein rationales Vorgehen erforderlich machen, ohne innere, emotionale Irritationen besser meistern. Auf diese Weise kann ich klarer denken und formulieren.

So schön das Kennenlernen und der Austausch mit den Kindern ist, so mühsam können sich aber auch die Dialoge darstellen. Die inneren Kinder sind wirklich Kinder. Sie spekulieren, haben oft irrationale Ängste, sind naseweis, können starrsinnig sein und wollen vor allem: ganz viel, und das am besten sofort. Sie hängen an alten Bildern und Verhaltensmustern, da diese das erste sind, was sie kennengelernt haben. Neues zu lernen, zu verstehen und sogar anzunehmen, fällt mitunter sehr schwer. Insbesondere mit Paul habe ich lange Diskussionen über seinen Drang, Opa besuchen und diesem einen Gefallen tun zu wollen, geführt. Gerade ihn hat die Sehnsucht nach Anerkennung stark getrieben – ein Verhalten, was mich als Erwachsenen so viele Jahre gesteuert und geschädigt hat.

Wie solche Dialoge konkret aussehen, werde ich Ihnen im nachfolgenden Kapitel zeigen.

Wie funktionieren Gespräche mit unseren inneren Kindern

Bevor es nun richtig losgeht mit der Vorstellung der Dialoge, die evtl. auch Ihnen helfen könnten, aus einer misslichen oder verwirrenden Situation herauszukommen, stellen Sie sich vielleicht ganz grundsätzlich die Frage, wann führe ich einen solchen Dialog? Die Antwort lautet: Immer dann, wenn es ein Problem zu bearbeiten gilt, dessen Ursache Sie bereits erkannt haben, das aber in Ihnen weiter brodelt. Aber auch dann, wenn Konflikte mit uns selbst auftreten, die wir nicht richtig verstehen, wenn wir im Rahmen der Therapie versuchen, Grundannahmen infrage zu stellen, an in uns tief verankerten Bildern oder Rollenzuweisungen rütteln möchten oder aber wenn wir etwas für uns Neues ausprobieren wollen. Dann wird es Zeit für ein Gespräch mit unseren Anteilen, sprich inneren Kinder.

Das kann schwierig werden, da sich oft Widerstände aufbauen. Sie können sich verschieden anhören. Entweder sind wir verunsichert, empfinden das Terrain, welches wir betreten wollen, als „gefährlich" oder wir fühlen uns plötzlich diffus unwohl, antriebslos verunsichert. Diese Gefühle sind die besten „Verhinderer", einen inneren Dialog zu beginnen, sprich, einen neuen Weg zu beschreiten und damit in der therapeutischen Arbeit voranzukommen. Was wir uns oder dem Therapeuten dann sagen, ist: Ich hatte keine Zeit – ich wusste nicht, wie ich es anstellen sollte oder: Ich hatte es mir vorgenommen und dann kam etwas dazwischen.

Diese „Verhinderer", warum auch immer sie auftauchen, können in den meisten Fällen einem oder mehreren inneren Kind/ern zugeordnet werden, das entweder keine Lust hat oder befürchtet, auf etwas angesprochen zu werden, das unangenehm oder gefährlich werden könnte. Daher frei nach dem Motto „Nur redenden Menschen kann geholfen werden" – machen sie sich und den Ihren klar, dass es notwendig ist, die Sache jetzt zu besprechen, den kindlichen Widerstand zur Seite zu räumen, um sich danach mit dem eigentlichen Thema befassen zu können. Es ist möglich, Blockaden zu überwinden, wenn sie als kindlich erkannt werden.

Es gehört Übung dazu und Unterstützung durch ihren*e Therapeuten*in, aber nur durch beherztes Durchgreifen kann es gelingen, die Dinge umzusetzen, die wir anpacken oder verändern wollen. Kurzum – innere Dialoge sind ein Instrument der Hilfe zur Selbsthilfe!

Wie ich oben bereits beschrieben habe, half mir das Ritual, morgens und abends die Kinder darauf anzusprechen, wie es ihnen denn so geht, was sie sich wünschen und wie sie den vergangenen Tag empfunden haben. Wie erwähnt, war es zunächst nicht leicht, mit Fotos oder später laut mit mir selbst zu sprechen. Aber die Routine half. Immer öfter meldete sich einer der Jungs und teilte mir seine Befindlichkeiten mit.

Beispielsweise blieb mir in Erinnerung, dass ich während der Autofahrt zu einem Geschäftstermin, der ausgesprochen unerfreulich zu werden drohte, plötzlich Angst bekam. Meine sachlich gut vorbereiteten Argumente erschienen mir plötzlich wenig griffig und überzeugend. Nach kurzem Überlegen wurde mir klar, dass sich Paul wieder einmal meldete, der aus kindlich nachvollziehbarer

Sicht Angst vor diesem schwierigen Gespräch hatte. Es musste seine Angst sein und nicht meine, denn ich hatte mich bestens vorbereitet. Sofort habe ich ihn laut angesprochen. Mein Gefühl war richtig, er hatte große Sorge. Jetzt oblag es mir ihm klar zu machen, dass er bei diesem Termin nichts zu suchen hat, da dies eine Erwachsenenangelegenheit sei und nichts für Kinder. Es gelang mir, ihn zu beruhigen und in seinen Schutzraum zu schicken. Nun verlief der Termin angstfrei, weil erwachsen – mein Verhandlungsziel erreichte ich souverän.

Situationen dieser Art hat es sehr viele gegeben und sie gibt es auch heute immer wieder. Doch da das Schamgefühl, was denn andere Menschen von mir halten könnten, wenn ich laut mit mir rede, schnell verschwand, haben sie ihren Schrecken verloren. Schließlich führen alle Menschen permanent Selbstgespräche, da unser Gehirn der ausdauerndste Geschichtenerzähler ist, den es gibt. Diese Eigenschaft können wir für uns nutzen. Wenn sich z. B. ein Gefühl breitmacht, das der Situation nicht angemessen ist, dann schalten wir uns in die kindliche Botschaft, die da gerade abläuft, ein, sprechen mit dem Kind, das diese Gefühle formuliert und bringen Ordnung ins System. Dies führt zu einer Klärung der jeweiligen Situation.

Manchmal, unter Zeitdruck, gab es für die Jungs auch einfach nur eine strenge „Ansage", die da lautete: „… ab in deinen Schutzraum!", da einfach nicht genügend Zeit für ein ausgiebiges Gespräch bestand. Ich habe ihnen dann aber immer versprochen, anschließend mit ihnen ausführlich zu reden. Selbstverständlich muss ein solches Versprechen auch eingehalten werden, denn die Kinder sollten darauf vertrauen können, was der „Papa" ihnen verspricht.

Etwas später, im Laufe der Therapie, habe ich begonnen, die Dialoge nicht mehr sprechend, sondern schreibend zu führen. Insbesondere dann, wenn grundsätzliche Themen anstanden, die ich ausführlich und intensiv mit den Kindern besprechen wollte.

Am besten gelang mir dies, wenn ich mich an meinen Computer gesetzt habe und – wie bei einem Theaterstück - einfach anfing, Fragen zu stellen, um Antworten zu erhalten. Solche Dialoge finden Sie anschließend exemplarisch, und zwar in der Form, wie sie entstanden sind. Für mich war dies die beste und auch die stärkste Variante, da sich die besprochenen Inhalte tief verankert haben. Bei mir – dem Erwachsenen und auch im LS – also bei den inneren Kindern.

Was mir schnell aufgefallen ist, war, dass jedes Kind, entsprechend seinem Alter und Temperament eine eigene Sprache hat und auch in einem sehr individuellen Ton angesprochen werden muss. Daher habe ich, wenn sich mehrere Kinder gleichzeitig in einem Dialog meldeten, nacheinander mit ihnen gesprochen. So fand ich die jeweils passende Sprache und den richtigen Ton.

Verwunderlich ist dies im Grunde genommen nicht, da die Kinder ja unterschiedlich alt sind und daher nicht nur eine verschiedene Sprache haben, sondern auch unterschiedliche Bedürfnisse. Zum Beispiel Karlchen: Als Vierjähriger hat er ein sehr ausgeprägtes Bedürfnis nach Wärme, das ich dadurch stillen konnte, dass er von mir einen kleinen Kuschelhasen geschenkt bekam. Wann immer er sich ängstlich oder einsam fühlte und kuscheln wollte, habe ich den Hasen in die Hand genommen, ihn gestreichelt und liebevoll mit Karlchen gesprochen. Oft waren dies nur ganz kurze Momente, die schon ausreichend waren, ihn zu beruhigen.

Mischa, der älteste, hat eine mitunter etwas rotzige Jugendsprache, die eines Pubertierenden. Seine Bedürfnisse sind die erwachsensten. Er ist der wildeste und möchte gerne seinen Mut beweisen. In einem Gespräch mit ihm reklamierte er, endlich einmal mit mir alleine etwas wirklich Aufregendes unternehmen zu wollen. Er hatte zwei Wünsche: Zum einen wollte er unbedingt einmal Kartfahren und zum anderen wollte er mit mir in den Kletterwald. Für mich sind derartige Unternehmungen nicht gerade das, wovon ich schon lange geträumt hatte, habe es aber dann doch gemacht. Mehrfach fuhren wir zu einer Kartbahn, wo er sich richtig austoben konnte, und wir waren auch zum Klettern im Wald. Als wir hinterher über das Erlebte sprachen, war Mischa selig und fand seinen Papa richtig klasse. Endlich konnte er einmal das tun, was er noch nie getan hatte, und das mit mir zusammen – ein Kindheitstraum wurde wahr: Abenteuer in Begleitung mit dem Vater!

Ich denke, Ihnen wird der Sinn solcher Unternehmungen jetzt klar; es ist eine Art Reparatur von Defiziten aus der Kindheit und Jugend. Denn als Jugendlicher hätte ich mich nicht nur nie getraut, etwas „Gefährliches" zu unternehmen, da es verboten war, sondern der Wunsch, auch nur ein einziges Mal mit meinem Vater etwas zu unternehmen, blieb, wie Sie lesen konnten, unerfüllt. Jetzt aber habe ich als Erwachsener, mit all dem Wissen um meine kindlichen Ängste und Sehnsüchte, die Möglichkeit, einige kindliche Abenteuer nachzuholen und mich so ein Stück weit zu „reparieren", d.h. die Löcher im Nachhinein zu stopfen.

Diese zweite Ebene, die durch das Führen von inneren Dialogen ans Licht kommt, nämlich die unerfüllten Wünsche der Kinder, ist ebenso bedeutsam wie das Verhindern von Angstsituationen. Diesen nachzugehen macht unglaublichen Spaß, wenn die peinlichen Gefühle erst einmal überwunden sind. Gerne erinnere ich mich daran, wie unbeschwert und lustig es war, im Kino Kinderfilme zu sehen; das Lachen und die Freude der anwesenden Kinder war ansteckend und so unglaublich befreiend, ein Schlüssel zu glücklichen Momenten.

Ein Thema ist mir in diesem Zusammenhang für meine neue Familie noch wichtig: das Abendessen. Nach anstrengenden oder auch vielleicht traurigen Dialogen mit den Kindern habe ich sie zum Trost immer gefragt, was sie denn gerne essen möchten. Wie nicht anders zu erwarten, wünschten sie sich „Kindermahlzeiten". Also kochte ich meistens Nudeln mit Tomatensauce oder Fischstäbchen mit Kartoffelbrei. Auch dies entspricht nicht meiner normalen Ernährung, aber uns hat es geholfen, über so manche traurige Situation hinwegzukommen und das Familiensystem mit Wärme und Geborgenheit zu stärken.

Sollten Sie sich davor fürchten, ein Leben lang Dialoge schreiben zu müssen, so kann ich Sie beruhigen. Anfangs habe ich in der Tat häufig und umfangreich mit den Kindern gesprochen und Dialoge geschrieben. Später war dies nicht mehr notwendig, da die Therapiearbeit ihre positive Wirkung entfaltet hatte.

Dialoge mit unseren inneren Kindern

Hier nun die Dialoge, so, wie ich sie mit meinen inneren Kindern zu ganz speziellen – aber auch sehr allgemeingültigen Themen – geführt habe. Die Darstellung erfolgt immer nach demselben Prinzip. Zuerst werde ich die aktuelle Situation beschreiben, die den Dialog aus erwachsener – väterlicher Sicht notwendig gemacht hat und im Anschluss finden Sie das Gespräch – wie bei einem Theaterstück – mit verteilten Rollen.

Dialog mit Paul zum Thema Sehnsucht nach Liebe und Anerkennung von den Eltern

Problem: Eine Einladung zum Abendessen bei meinen Eltern ist nicht so verlaufen, wie ich es mir gewünscht, bzw. vorgenommen hatte

Ursache: Paul hat sich eingemischt. Er hat, wie so oft, versucht, die Liebe von Oma und Opa zu erkämpfen, was immer schief ging. Paul bzw. ich wurden verletzt und enttäuscht

Erkenntnis: Durch den Dialog wurde mir bewusst, dass ich mich noch besser vorbereiten muss, wenn es zu Treffen kommt, die das Harmoniebedürfnis von Paul, verbunden mit Angst vor Oma und Opa, mit hoher Wahrscheinlichkeit triggern werden. Das Therapieziel, Distanz zu meinen Eltern aufzubauen, um Abhängigkeits- und Angstmuster zu durchbrechen, war zu dieser Zeit noch nicht tief genug verankert. Der Ablösungsprozess war noch nicht abgeschlossen und es musste vertiefende Überzeugungsarbeit geleistet werden

Ergebnis: Die folgenden Begegnungen mit meinen Eltern verliefen zu meiner Zufriedenheit. Ich reagierte erwachsen, der Situation angemessen und war gegen Vorwürfe und Übergriffigkeiten gewappnet. Ich wurde nicht verletzt und konnte das Verhalten meiner Eltern ohne Schuldgefühle als unangenehme Realität sehen, mit dem Abstand eines „Wissenden", der seine Souveränität spürt.

Pa: Hallo Paul, mein Schatz, können wir uns gerade einmal unterhalten?

P: Na klar, Papa, was ist denn?

Pa: Ich hab den Eindruck, dass Du gerade ganz doll traurig bist und da wollte ich doch einmal wissen, woher das denn kommt, mein Schatz?

P: Ach, das war heute so schlimm beim Essen mit Oma und Opa. Die sind wieder so gemein gewesen und der Opa hat so geschimpft. Warum ist das denn so? Ich verstehe das nicht – denn ich habe den Opa doch lieb – aber der ist immer so gemein. Und ich gebe mir doch so ganz viel Mühe, brav zu sein!

Pa: Ja mein Schatz – da hast Du Recht. Ganz besonders der Opa war wirklich gemein heute. Und dann hat er auch noch den Vorwurf gemacht, dass ich mich nicht richtig um ihn kümmere, und das stimmt ja nun wirklich nicht!

P: Nein. Und er war so laut und fies.

Pa: Stimmt. Das ist ja aber der Grund dafür, warum ich ja eigentlich dafür sorge, dass Ihr zur Tante Helga geht, wenn ich zu Oma und Opa gehe. Da seid ihr in Sicherheit und braucht keine Angst zu haben, wenn der Opa wieder mal wild wird.

P: Ja, aber ich wollte doch dabei sein.

Pa: Na ja – das habe ich ja mitbekommen. War aber nicht so toll, denn jetzt bist Du wieder total verschreckt und traurig –kann das sein?

P: Ja, ist so. Ich bin total traurig. Weil der Opa so fies ist. Und dann krieg ich Angst.

Pa: Schau mal Paul – das ist es ja, warum ich meine, dass es besser ist, wenn Du so gar nicht mehr zu Oma und Opa mitkommst. Beide werden nämlich immer, immer und immer fies sein. Und nicht lieb, so wie Du dir das wünschst.

P: Aber warum denn. Ich versteh das nicht.

Pa: Das kannst Du auch nicht, mein Schatz Ein Kind kann das nicht verstehen. Deshalb erkläre ich Dir das auch ganz genau – ja?

P: Ja, Papa – bitte – weil ich will das doch wissen!

Pa: Also – der Opa hat sich nie wirklich für seine Kinder interessiert. Für ihn sind mein Bruder und ich nur da gewesen, weil das nun mal alle Leute so gemacht haben. Alle hatten eine Familie, die aus Vater Mutter und zwei Kindern besteht. Und da das alle gemacht haben – haben der Opa und die Oma das halt auch so gemacht. Aber die haben sich keine Gedanken darüber gemacht, was das denn bedeutet.

P: Wie – die haben sich keine Gedanken über uns gemacht?

Pa: Nein – haben sie nicht!

P: Oh nein – das kann aber doch nicht sein. Man muss doch seine Kinder lieb haben – so wie wir auch den Opa und die Oma lieb haben!

Pa: Bei Oma und Opa war das leider nicht so. Für die sind der Bruder und ich so was wie eine Dekoration gewesen, die da sein musste. Aber wie es uns dabei geht – das hat sie nicht interessiert. Die Oma hat den Haushalt gemacht und der Opa hat im Büro gearbeitet. Und wir waren irgendwie mit dabei.

P: Die haben sich nie für uns interessiert?

Pa. Nein, haben sie nicht. Oder kannst Du dich daran erinnern, dass der Opa mal gefragt hätte, was Du gerne machen möchtest, was Dir Spaß macht oder ob Du etwas besonders Schönes unternehmen möchtest – nur mit ihm oder alle zusammen?

P: Ne – da war nichts. Wir mussten ja immer wie die Hasen auf dem Sofa sitzen, leise sein. Und in den Ferien mussten wir in die Berge, obwohl ich das ganz doof gefunden habe. Da war ja noch nicht mal Zeit, mit den Kühen zu spielen. Sondern immer nur auf die Berge steigen. Das fand ich blöde und langweilig.

Pa. Oh, da sagst Du aber ein gutes Beispiel. Der Opa wollte immer in die Berge und wir mussten mit – ob wir wollten oder nicht.

P: Ja – ans Meer durften wir nie!

Pa. Und auch sonst war da ja nicht gerade viel –oder?

P: Also ich erinnere mich an nichts.

Pa: Ich auch nicht, mein Schatz. Dafür hattest Du aber immer ganz doll Angst vor dem Opa – weil Du nie wissen konntest, wie er gerade drauf sein würde. Mal hat er ganz viel geschimpft – mal hat er einfach tagelang nix gesagt. Aber warum – das konntest Du nicht wissen. Niemand konnte das wissen!

P: Ne – das war auch immer ganz ganz schlimm.

Pa: Da hast Du Recht, Schatz. Und das ist im Grunde genommen bis heute auch nicht anders geworden. Der Opa macht das, worauf er Lust hat, und der Rest interessiert ihn nicht. Und daher habe ich jetzt beschlossen, dass ich nur noch ganz ganz selten zu denen hingehe – dann, wenn Not am Mann ist. Aber ich kümmere mich nicht mehr weiter um die. Damit ist jetzt endlich Schluss!

P: Oh nein. Das darfst Du aber nicht. Das ist ganz böse. Du musst doch auf Oma und Opa aufpassen und denen immer helfen. Sonst wird der Opa doch ganz böse und da habe ich Angst vor.

Pa: Nein, Paul – das sehe ich anders. Der Opa und die Oma haben immer ihr Ding gemacht. Sie haben sich nicht wirklich um uns gekümmert. Und denen ist es egal gewesen, wie es uns denn dabei geht, wenn sie wieder einmal etwas geplant haben. Außerdem haben sie uns ja eh meistens alleine gelassen oder abgeschoben, wenn sie wieder mal etwas anderes vorhatten. Und jetzt sage ich: Schluss! Jetzt mache ich mit Euch das, worauf wir Lust und woran wir Freude haben. Und zwar ohne Rücksicht darauf, was Oma und Opa dazu sagen.

P: Oh weh. Da wird der Opa aber böse sein und schimpfen. Da habe ich Angst.

Pa: Deshalb ist es ja auch besser, wenn Du bei Tante Helga bist. Da kann Dir nichts passieren. Dort kannst Du ganz in Ruhe spielen, da gibt es etwas Leckeres zu essen und es geht Dir gut. Und ich kann mich mit Oma und Opa rumschlagen. Und – ja – es kann sein, dass der Opa wütend wird. Aber da bin ich als Dein erwachsener Papa aber stark genug, um auch Stopp zu sagen.

P: Hu, das ist aber unheimlich. Ich bin nicht dabei? Machst Du das denn dann auch richtig?

Pa: Na klar, mein Schatz, mache ich das richtig. Weil einerseits weiß ich, dass Ihr Jungs in Sicherheit seid. Das ist mir eine ganz große Hilfe. Weil, wenn ich weiß, dass der Opa Dir und dem Karl und dem Mischa nichts anhaben kann, dann bin ich ganz ruhig, kann mich konzentrieren und kann dem Opa die Antworten geben, die einfach die richtigen sind. Dann bin ich nicht verunsichert, dass Du eventuell verschreckt sein könntest, dann bin ich eben auch nicht verschreckt. Sondern ganz ganz ruhig. Und das hilft. Und dann schnallt der Opa das auch. Und gut ist es. Und wir machen unser Ding!

P: Aber ist der Opa denn dann nicht ganz traurig, und musst Du den dann nicht trösten?

Pa: Also das mit dem Trösten ist so eine Sache, Paul. Ich finde es total schön, dass Du jemanden trösten möchtest, der traurig ist.

P: Ja, und auch helfen, wenn es dem nicht gut geht.

Pa: Na klar. Das ist ja auch etwas ganz Schönes, wenn man einem anderen Menschen helfen möchte, wenn es ihm nicht gut geht. Und da bist Du ein ganz toller Junge. Weil Du hilfsbereit bist und eben andere Menschen gerne unterstützt. Aber machst Du das auch bei jemandem, der Dir auf dem Schulhof den Ranzen geklaut und in die Pfütze geworfen hat – so wie damals der Frank?

P: Ne, dem nicht – der war ja auch gemein!

Pa: Das denke ich doch auch. Und ich finde, dass der Opa auch ganz oft ganz gemein gewesen ist, und daher helfen wir ihm und der Oma auch nur in Notfällen.

P: Aber dann sind wir doch ganz alleine. Dann haben wir niemanden mehr. Und der Opa wird immer, immer, immer böse sein. Und da habe ich Angst.

Pa: Und die musst Du nicht haben – da ja nun ich da bin. Ich stelle mich zwischen den Opa und Euch Kinder und beschütze Euch. Und dann kann nichts passieren! Ich weiß, dass ihr in Sicherheit seid, ich kann mit dem Opa so umgehen, wie es richtig ist. Und dann komme ich nach Hause und wir haben es kuschlig und schön gemeinsam. Wir vier.

P: Aber das ist doch ganz traurig – dass dann der Opa und die Oma weg sind -also dann sind wir doch ganz alleine auf der Welt.

Pa: Findest Du es denn besser, jemanden wie den Opa dabei zu haben, der immer gemein und böse ist und der Euch nicht wirklich mag?

P: Du meinst, der mag uns nicht?

Pa: Nein, der mag Euch und uns nicht. Das hätten wir doch schon mal mitbekommen. Dann hätte er sich doch für uns interessiert. Dann hätte er mal gefragt, wie es uns geht und auch gefragt, was wir denn gerne machen würden. Das hat er aber nie. Wir haben doch eigentlich nur gestört, wenn wir mal gesagt haben, was wir spannend finden. Und dann hat er das doch meistens verboten. Oder nicht?

P: Doch stimmt. Das ist aber traurig.

Pa: Ja, Paul, das ist traurig. Aber leider ist das so – und jetzt haben wir eine neue Familie – nämlich den Karl, den Paul, den Mischa und mich als Euren Papa. Und das ist eine tolle Familie. Weil wir uns alle lieb haben und ich auch wirklich darauf achte, dass niemand zu kurz kommt. Also, ich habe den Hut auf und schaue, dass wir alle das machen, woran wir Freude haben und wir achten gegenseitig auf uns und darauf, was wir machen wollen. Ist das nicht schöner als früher, als der Opa immer alles angesagt hat, ohne darauf zu achten, was Du oder die die anderen Jungs möchten?

P: Ne, das war blöd. Und auch langweilig und gemein!

Pa: Und genau das lassen wir jetzt aus unserem neuen Leben raus. Blöd, langweilig und gemein – das gibt es nicht mehr!

P: Das ist natürlich super.

Pa: Find ich auch.

P: Und wir sind nicht alleine –also so ganz ohne alle anderen Menschen? Die laufen nicht weg, wenn wir jetzt unser Ding machen?

Pa: Also ganz bestimmt nicht. Wir haben unsere kleine Familie, wir haben unsere Freunde und auch sehr liebe Bekannte. Von denen läuft niemand davon, nur weil wir jetzt aus dem Spiel mit Oma und Opa raus sind. Ganz sicher nicht.

P: Dann ist es ja OK. Hauptsache der Opa tobt nicht rum, ich muss keine Angst haben und wir sind nicht alleine.

Pa: Also, das kann ich Dir versprechen, mein Schatz. Und Du weißt ja – Indianerehrenwort!

P: Na klar. Das wird gehalten!

Pa: Oh ja – das wird gehalten!

P: OK. Das ist jetzt immer noch ganz komisch für mich, aber ich will's gerne versuchen.

Pa: Und wenn es nicht so ganz klappt – dann ist das auch in Ordnung – dann reden wir drüber, wenn Du Fragen hast und ich erkläre Dir das – ja?

P: Und ich darf aber schon mal mit reingucken, wenn Du bei Oma und Opa bist – oder?

Pa: Also das wäre etwas, wo ich sagen würde – nein! Wenn es geht – versuche doch bitte, Deine Nase draußen zu halten.

P: Hu – Das wird schwer, aber ich versuch auch das.

Pa: Das wäre total super, da Du mir dabei wirklich ganz toll hilfst. Ich hab ja schon gesagt, wenn ich weiß, dass Ihr Jungs in Sicherheit seid, dann kann ich ganz ruhig und ohne Sorge mit Oma und Opa umgehen, da ich halt weiß, dass Euch nichts passieren kann. Und wenn Du bei Tante Helga bist – dann hilfst Du mir ganz dolle!

P: Aber ich will trotzdem wissen, wie es denn bei denen gewesen ist.

Pa: Auch das kann ich Dir versprechen, mein Schatz, dass ich Dir hinterher genau erklären, was denn passiert ist, damit Du informiert bis – wäre das OK? Aber Du bleibst in Sicherheit.

P: Ok – ich versuch's dann mal.

Pa: Das wäre klasse, mein Schatz.

P: Bin ja auch schon groß.

Pa: Ja, das bist Du – und da ziehen wir dann an einem Strang – alleine bekomme ich das doch auch nicht hin. Ich brauch dich doch.

P: Prima Papa – so ist das gut!

Pa: Find ich auch – also bis später, Schatz, ja?

P: Ja, bis später, Papa.

Dialog mit Mischa zum Thema Aggression gegen den Vater

Problem: Ebenfalls nach einem Treffen mit meinem Vater, habe ich kein gutes Gefühl. Ich bin unterschwellig sauer, habe das Gefühl, mich wieder untergeordnet zu haben. Ich bin unsicher, woher das Gefühl kommt, denn eigentlich habe ich mich so verhalten, wie es von mir geplant gewesen ist.

Ursache: Mischa hat sich eingemischt. Er sinnt auf Rache, will dem Alten einmal so richtig die Meinung sagen. Er hat so viele Jahre unter der Unterdrückung gelitten und möchte nun endlich einmal alles rauslassen, was er fühlt.

Erkenntnis: Während des Dialoges habe ich gemerkt, dass meine Strategie mit meinem Vater erwachsen, mit Abstand und nach meinen moralischen Regeln umzugehen, noch nicht verstanden wird. Auch er benötigt noch mehr klärenden Input

Ergebnis: Ich konnte bei nachfolgenden Gesprächen besser die Zügel in der Hand halten, klarer und rationaler Position beziehen, ohne störende Aggression zu spüren

Pa: Hallo Mischa – hast Du gerade mal Zeit?

M: Ja gerne, Papa – was ist denn?

Pa: Du – ich wollte mich einmal mit Dir wegen Oma und Opa unterhalten.

M: Ach die Idioten – lass mich mit denen in Frieden – ich bin so richtig wütend auf die!

Pa: Dachte ich mir schon – kannst Du mir das einmal genauer erklären?

M: Also, ich bin es so dermaßen leid, dass der Alte immer so widerlich und unberechenbar ist. Mal scharwenzelt er um Dich rum und tut ganz freundlich, und mal schlägt er wieder so um sich, wie wir das ja schon immer gekannt haben. Und da habe ich einfach keine Lust mehr drauf!

Pa: Du – das sehe ich ganz genauso.

M: Und warum machst Du da dann immer noch so schönes Wetter, wenn Du bei denen bist? Heute beim Essen hättest Du denen doch mal so richtig eins verpassen können. Gründe und Argumente hättest Du ja reichlich gehabt. Aber nein – Du bist immer ganz zurückgenommen. Mich kotzt das an!

Pa: Du – das kann ich Dir sehr gut erklären. Weil ohne Hintergedanken mache ich das nun wirklich nicht

M: Das sieht aber so aus wie immer. Und ich frage mich, warum Du denen nicht mal endlich einmal richtig die Meinung sagst und einen verpasst. Gerade der Opa hat immer auf uns allen herumgetreten – mit seiner Kackfirma, dass er Übermenschliches leistet – damit, dass nur er wichtig ist und wir immer nach seiner Pfeife tanzen mussten, und er hat uns immer Angst eingejagt. Jetzt ist der alt und klapprig und braucht deine Hilfe – da kannst Du doch mal so richtig gut ausholen und ihm eins auf die Nase geben!

Pa: Also eines vorab: Ich finde, dass Du mit deiner Wut wirklich Recht hast. Sie ist angebracht, da der Opa mit seiner widerlichen Art uns allen so viel Schaden angerichtet hat und dass jetzt endlich die Zeit gekommen ist, wo man sagen muss: Stopp – so geht das nicht weiter. Jetzt ist Sabbat. Du bist ein alter Sack und so wirst Du nicht weiter mit mir und uns umgehen!

M: Und warum tust Du das nicht? Hast Du Angst vor dem Opa?

Pa: Nein, habe ich nicht. Ich bin nur schlauer als er.

M: Wie das jetzt?

Pa: Weißt Du – der Opa hat doch keine Ahnung davon, dass ich ihn total durchschaue. Ich weiß doch, dass er ganz tief in sich drin Minderwertigkeitskomplexe hat. Er meint aber von sich, dass er ganz ganz toll ist. Ist er aber natürlich gar nicht. Und da dem so ist, zielt er mit seiner widerlichen Art ja immer auf das schwächste Glied in der Kette – nämlich auf Kinder – weil – die können ihm ja nichts tun und sich nicht wehren. Das hat er ja schließlich immer getan – da sind wir uns ja glaube ich einig, oder?

M: Na klar. Seine Laune an Kindern auslassen ist ja wohl das mieseste, was es überhaupt gibt!

Pa: Absolut – stimmt. Aber jetzt hab ich Euch in Sicherheit gebracht – ganz besonders den Paul und den Karl. Du kannst Dich ja schon ganz gut wehren, mein Großer.

M: Das will ich ja wohl meinen

Pa: Eben- aber trotzdem weiß ich, dass Ihr in Sicherheit seid, und dann kann ich ganz ruhig und kühl mit dem Opa umgehen und lass mich nicht provozieren. Dann kann er rumtoben, wie er will – ich bleibe ruhig und führe ihn mit sachlichen Argumenten ganz gechilled am Nasenring durch die Arena. Denn wenn er wütend wird, dann bringt er ganz viele Argumente durcheinander. Und wenn ich dann ruhig bin, kann ich ihn bestens auflaufen lassen. Und das ärgert ihn noch viel mehr, als wenn ich draufhauen würde – weil eigentlich hätte er das gerne, um sich hinterher über mein schlechtes Verhalten ihm gegenüber zu beklagen. Bleibe ich aber sachlich, bringt ihn das auf die Palme und er verstrickt sich immer mehr in seinen verwirrten Argumenten. Und dann gibt er auch ziemlich schnell Ruhe, da er sehr wohl mitbekommt, dass er Schrott gelabert hat. Also ich finde das ziemlich cool.

M: Na, wenn das so abläuft, finde ich das ja auch gut. Aber irgendwie fühlt sich das für mich eben so an, wie früher, als wir alle nach seiner Pfeife tanzen mussten.

Pa: Und genau aus dem Grund erkläre ich Dir das ja so genau. Ich durchschaue den Opa, lasse ihn, weil ich ganz sachlich und distanziert mit ihm umgehen kann, auflaufen, und das ärgert ihn total. Da er ganz genau mitbekommt, dass er mit seiner wilden Art nicht weiterkommt. Also irgendwie steckenbleibt. Und das macht mir ehrlich gesagt mehr Freude, als ihm direkt eins auf die Nase zu geben. Das ist eben die elegantere Art und Weise. Oder, wie die Neapolitaner sagen: Die Rache ist eine Speise, die man kühl isst.

M: Ah – so wird ein Schuh draus. Das verstehe ich und das macht auch Spaß.

Pa: Finde ich auch. Aber es kommt noch ein anderes Argument dazu, was wirklich sehr wichtig ist.

M: Aha?

Pa: Wenn ich jetzt sehe, dass der Opa und die Oma ganz einfach alt sind und nicht mehr so fit wie früher, und damit auch angreifbarer, dann finde ich es ehrlich gesagt ziemlich unanständig, denen aus der Position der Stärke eins zu verpassen, wie Du es ausdrückst. Das wäre so, als wenn man einem Rollstuhlfahrer den Rollstuhl unter dem Po anzündet und sagt -ach – lauf doch davon, wenn es zu heiß wird. Das geht doch gar nicht!

M: Nee, natürlich nicht.

Pa: Also wir arbeiten mit den Mitteln, die Ok sind – und dazu zählt ein kühles Gemüt, gute Argumente und ganz viel Sachlichkeit. Dass sich der Opa darin verstrickt und irgendwie hängenbleibt, ist ja sein Problem. Aber es ist nicht unanständig, so mit ihm umzugehen.

M: OK, versteh ich.

Pa: Dass wir durchaus auch eine Genugtuung dabei haben – tja, das ist unser Bonus, der absolut OK ist. Den haben wir aber mit fairen Mitteln erreicht. Nicht mit ungleich verteilten Waffen.

M: Das versteh ich.

Pa: Ganz genau. Und vor allem eins: Wir verhalten uns nicht wie der Opa, als er der Stärkere und wir die Schwächeren – nämlich Kinder – gewesen sind. Jetzt bin ich zwar der Stärkere, aber ich setze meine Stärke nicht ein, um ihn platt zu machen. Ich nutze nur absolut legitime Mittel, nämlich meinen Verstand und meine Ruhe, das sind Mittel, über die der Opa auch noch verfügen kann, um ihn zur Raison zu bringen. Und das funktioniert bestens.

M: Super. Das gefällt mir. Fair Play – und wir machen unsere Punkte!

Pa: Ganz genau. So ist das.

M: Ok – das habe ich geschnallt.

Pa: Na prima, mein Großer – und bei Fragen – meldest Du dich, ja?

M: Logo, Papa!

Pa: Perfekt. Bis später also, ja?

M: Prima, bis später.

Dialog mit Paul zum Thema Einmischung in Berufliches

Problem: Ich musste einen Mitarbeiter abmahnen. Er war eigentlich ein netter Kerl, aber hat meine Freizügigkeit immer wieder ausgenutzt, eigenmächtige Entscheidungen zu treffen, obwohl ich ihn mehrmals aufgefordert hatte, neue Schritte mit mir abzustimmen. Jetzt war es notwendig geworden, einen Schlussstrich zu ziehen und Grenzen aufzuzeigen. Ich spürte, dass ein mulmiges Gefühl – ein Unwohlsein, fast Angst in mir aufkamen, in diesen Konflikt zu treten

Ursache: Ich fragte mich, woher diese Gefühle kamen, und natürlich war es wieder einmal Paul, der sich in die Angelegenheit einmischte, weil er niemanden, und schon gar nicht den netten Herrn Krause, verletzen wollte. Seine Suche nach Liebe und Anerkennung ging über die Familie hinaus, und reichte bis in das berufliche Umfeld hinein.

Erkenntnis: Während des Dialogs spürte ich, wie hartnäckig Paul einerseits darum kämpfte, die empfundene Zuneigung von Herrn Krause unbedingt erhalten zu wollen. Andererseits geht er jedem Konflikt aus dem Weg, da Kritik oder Widerspruch für ihn immer mit Bestrafung gekoppelt gewesen sind. Ich musste meinen erwachsenen Standpunkt hart verteidigen, da seine Ängste so stark waren.

Ergebnis: Ich konnte meine Position im Gespräch sachlich darstellen und vertreten. Das Verhältnis von Mitarbeiter und Vorgesetztem war wieder hergestellt

Pa: Hallo Paul – können wir uns gerade einmal unterhalten?

P: Gerne Papa – was ist denn?

Pa: Du – ich habe den Eindruck, dass Du ganz unruhig bist wegen des Gesprächs, das ich nachher im Büro führen werde.

P: Ja, bin ich auch. Warum musst Du denn dem Herrn Krause so was Böses sagen?

Pa: Also erstens ist das nichts Böses. Aber ich hole da mal lieber etwas aus – aber im Grunde genommen ist das ja keine Angelegenheit für Dich, mein Schatz – das ist nämlich eine Erwachsenenangelegenheit!

P: Nö – ich bin doch immer mit im Büro gewesen – der Opa hat mich doch auch immer mitgenommen, dass ich im Lager arbeite. Und da bin ich doch immer dabei gewesen.

Pa: Ja – das war früher mal so – aber das hat sich jetzt geändert. Das hatten wir aber auch schon mal besprochen.

P: Trotzdem – ich habe das doch immer gemacht – und der Opa wollte das ja auch.

Pa: Und das stellen wir jetzt mal ab – OK?

P: Ach, und wieso?

Pa: Weil Kinder nun mal nichts im beruflichen Leben der Erwachsenen zu tun haben. Kinder spielen und kümmern sich um die Schule und machen erst mal das, was ihnen Freude bereitet. Die müssen nicht arbeiten. Wir Erwachsenen arbeiten, weil uns das Spaß macht und weil wir auch Geld verdienen sollten. Aber auch das müssen Kinder nicht.

P: Komisch – habe ich immer anders verstanden. Ich dachte doch immer, dem Opa helfen zu müssen.

Pa: Na ja – das war halt nicht richtig. Und da wir jetzt unser Leben anders organisieren, bleibst Du zu Hause oder bei Tante Helga, wenn ich ins Büro gehe. Das ist nämlich meine Angelegenheit!

P: Aber ist das denn richtig, was Du da machst? Und gerade jetzt mit dem Herrn Krause, das darfst Du nicht tun.

Pa: Also das erklär ich Dir jetzt mal – ja Paul?

P: Logo.

Pa: Dem Herrn Krause muss ich sagen, dass er etwas gemacht hat, was er nicht hätte tun dürfen. Es gibt nämlich Regeln in einer so großen Firma. So, wie ich mich danach richte, so sollten sie von allen Menschen, die da arbeiten, eingehalten werden. Das ist wie in der Schule, da gibt es ja auch Regeln, da achten die Lehrer darauf, dass alles rund läuft.

P: Na klar.

Pa: Richtig – und nun hat der Herr Krause etwas gemacht, wofür er eine Abmahnung bekommt. Das ist so etwas wie ein Schuss vor den Bug. Damit er auch für die Zukunft weiß, dass er das, was er gemacht hat, in Zukunft nicht mehr machen darf.

P: Aber ist der denn dann nicht ganz doll traurig und enttäuscht von Dir, dass Du so streng zu ihm bist. Der Herr Krause ist doch ein ganz lieber Mann.

Pa: Ja, der Herr Krause ist sehr nett. Aber er muss sich auch an die Regeln halten – wie alle! Und tut er das nicht, dann muss er damit rechnen, dass er eventuell nicht mehr in meiner Firma arbeiten darf.

P: Oh weh – das ist aber schlimm. Dann hat der ja keine Arbeit mehr?

Pa: Wenn er sich nicht an die Regeln hält – ja, dann kann er den Arbeitsplatz verlieren.

P: Aber der Herr Krause ist doch dein Freund. Und der arbeitet bei uns in der Firma, weil er dich gern hat und weil Du ihn gerne hast. Das geht doch nicht!

Pa: Siehst Du – da verwechselst Du etwas – und das ist total normal für ein Kind. Der Herr Krause ist ein netter Mann – ja – aber er arbeitet bei mir nicht, weil er mein Freund ist, oder weil ich sein Freund bin. Er arbeite für Geld. Also dafür, dass er seine Arbeit macht, erhält er Geld – sein Gehalt. Und das ist es auch schon. Herr Krause ist nicht mein Freund.

P: Ach – das dachte ich immer.

Pa: Das ist mir schon klar. Aber genau deshalb erkläre ich Dir ja auch, dass Du besser die Nase aus dem Büro raushältst, da es nun mal Sachen gibt, die du nicht so richtig verstehen kannst, da Du sie einfach noch nicht kennen kannst.

P: Bin ich denn jetzt dumm?

Pa: Nein, Paul. Du bist überhaupt nicht dumm. Du hast eben bestimmte Sachen noch nicht gelernt. Das ist total normal. Ich bin erwachsen, arbeite im Büro und kann da auch ganz komplizierte Dinge bearbeiten, die Du nicht machen kannst – weil Du noch zu klein bist. Aber nicht dumm – auf keinen Fall. Außerdem finde ich, dass Du schon genügend zu lernen hast. Wir sind doch jetzt eine ganz neue Familie und da ändert sich so vieles, woran Du Dich erst einmal gewöhnen musst. Du musst nicht im Büro arbeiten – nie mehr. Das ist eine Papa-Angelegenheit!

P: OK: Aber trotzdem. Ist der Herr Krause nicht ganz doll traurig, wenn Du so mit ihm schimpfst? Wird der nicht enttäuscht von Dir sein? Das wäre aber ganz schlimm!

Pa: Das ist der Unterschied in der Erwachsenenwelt, die Du nicht richtig kennst und auch nicht kennenlernen musst. Der Herr Krause bekommt Geld dafür, dass er arbeitet. Und wenn er absichtlich Fehler macht, dann muss ich ihm das sagen und auch erklären, dass er das in Zukunft nicht mehr machen darf. Das kann nämlich ganz großen Schaden für alle anrichten. Und da muss ich als Chef aufpassen, dass das nicht geschieht. Und das ist meine Verantwortung.

P: Ja, da musst Du aufpassen, das in der Firma nichts Schlimmes passiert.

Pa: Genau – und außerdem ist das keine Frage der Freundschaft, wie mit deinen Kumpels auf dem Spielplatz – das ist eine wichtige Erwachsensache. Es geht um richtig oder falsch in der Firma und nicht darum, ob dem Herrn Krause etwas gefällt oder Spaß macht. Und deshalb wird er auch nicht enttäuscht oder traurig sein, da er genau das auch verstehen wird. Es geht ja schließlich um das ganze Unternehmen und nicht nur um ihn.

P: Aber mir macht das Angst. Weil, wenn Du ihm was sagst, was ihn verletzt oder was ihn traurig macht, dann wird der sicher böse. Du darfst das nicht!

Pa: Doch, das muss ich sogar. Wie ich gerade gesagt habe, geht es um das ganze Unternehmen.

P: Aber der Opa hat doch immer ganz wild um sich geschlagen, wenn Du ihm etwas gesagt hast, was er nicht hören wollte. Und das macht der Herr Krause doch sicher auch – oder?

Pa: Nein – ganz sicher nicht. Du hast ja nie etwas anderes kennengelernt als den Opa und meinst, dass das immer so weitergeht. Tut es aber nicht.

P: Nicht?

Pa: Nein. Als Erwachsener weiß ich, und auch der Herr Krause, dass es Themen gibt, über die man unterschiedlicher Meinung sein kann – gerade im Beruf. Und wenn dem so ist, dann sagt man das und streitet sich vielleicht auch darüber. Aber das führt nicht dazu, dass jemand ausrastet oder wild wird. Das ist etwas ganz normales.

P: Na, da bin ich aber gespannt, ob das auch so wird.

Pa: Ganz sicher, und ich erzähle es Dir hinterher auch. Aber eines möchte ich hier absolut klarstellen. Ich gehe ohne Dich ins Büro!

P: Nein, ich will mit!

Pa: Nein, Du kommst nicht mit! Und ich werde total sauer, wenn Du dich da einmischst. Nochmal – das ist eine Erwachsenenangelegenheit und nichts für Kinder.

P: Doch!

Pa: Nein! Und das diskutiere ich auch nicht mehr mit dir. Du machst mich mit den beiden Angelegenheiten, die Du verwechselst – nämlich Kumpel und Mitarbeiter im Betrieb – ganz strubbelig. Außerdem hast Du Angst vor einem Streit, der nun mal ansteht. Und da Du nicht beurteilen kannst, was im Büro richtig oder falsch ist, bleibst Du bei Tante Helga!

P: Hm.

Pa: Schau mal – damit hilfst Du mir total – weil wenn ich weiß, dass Du mit der Verwechslung, die Du nun mal noch nicht auseinanderhalten kannst, bei Tante Helga bist – dann laufe ich auch nicht Gefahr, mit dem Herrn Krause auch etwas zu verwechseln. Dann weiß ich: Halt – das ist nicht mein Kumpel, der wird nicht böse sein, wenn ich ihm etwas Unangenehmes sage. Der ist ein Mitarbeiter, und da ist es ganz normal, eben auch etwas Unangenehmes auszusprechen. Das löst man dann auf einer sachlichen Ebene und gut ist es. Und keiner ist enttäuscht oder traurig.

P: Meinst Du?

Pa: Nein –das meine ich nicht nur – das weiß ich – weil ich schon erwachsen bin.

P: Hm.

Pa: Weißt Du was, Paul – ich gehe jetzt ins Büro – alleine. Und hinterher erzähle ich Dir, wie es gelaufen ist – OK?

P: OK – damit kann ich leben.

Pa: Na, da bin ich aber beruhigt. Also bis später, OK?

P: Ja, bis nachher

Dialog mit Paul zum Thema Partnerschaft

Problem: Einige Monate nachdem ich mich von meinem langjährigen Partner getrennt hatte, lernte ich einen interessanten Mann kennen. Trotz der Freude darüber merkte ich immer wieder, dass ich nicht entspannt mit ihm und der Situation umgehen konnte.

Ursache: Es war wieder einmal Paul, der auf der Suche nach einer neuen Partnerschaft war und mich drängte, in der neuen Bekanntschaft mehr zu sehen, als ich mir vorgenommen hatte.

Erkenntnis: In dem Dialog wurde mir klar, dass Pauls Sehnsucht nach Geborgenheit so übermächtig ist, dass es hier nur mit liebevoller Strenge gelingt, meine Position durchzusetzen.

Ergebnis: Jetzt konnte ich mit meiner neuen Bekanntschaft offen über meine Wünsche bezüglich einer möglichen Beziehung sprechen. Ich konnte unser Zusammensein offen gestalten, um genügend Zeit für ein wirkliches Kennenlernen zu haben und so eine gute Grundlage für eine mögliche zukünftige Entscheidung geschaffen.

P.S.: Diesen Dialog musste ich mehrere Male führen …

Pa: Hallo Paul – Du bist gerade ganz doll unglücklich – kann das sein?

P: Ja Papa. Bin ich.

Pa: Na dann sag mir doch, was los ist?

P: Wir haben doch den Simon kennengelernt – und den finde ich total lieb und ich möchte, dass der unser Freund ist. Aber ich hab ja mitbekommen, dass Du den nicht haben willst. Und da bin ich traurig drüber.

Pa: Und wieso, mein Schatz?

P: Weil ich doch unbedingt einen Freund haben will.

Pa: Und weil dem so ist, muss es jetzt unbedingt der Simon sein – ja?

P: Ja – ich will nen Freund!

Pa: Aber den Simon haben wir doch erst vor kurzem getroffen – und im Grunde genommen würde ich ihn erst einmal besser kennenlernen, um überhaupt zu wissen, wie er so tickt und ob er überhaupt als Freund infrage kommt.

P: Das ist mir egal. Ich will nen Freund. Sonst bin ich alleine. Und außerdem brauchen wir doch jemanden, der uns beschützt und der lieb mit uns ist!

Pa: Also jetzt mal der Reihe nach – ja?

P: Hm. Du willst mir den eh nur wegnehmen – das ist gemein.

Pa: Nein, das ist nicht gemein. Ich möchte hier aber mal etwas klarstellen – Ok.

P: Hm.

Pa: Also ich verstehe absolut gut, dass Du einen Freund haben willst. Ich übrigens auch. Weil ich mir das wirklich schön vorstelle, einen Partner zu haben, mit dem man schöne Sachen gemeinsam machen kann und mit dem man eine gute und auch liebvolle Zeit zusammen verbringt.

P: Sag ich doch!

Pa: Ja aber den Zeitpunkt und den Partner – den suche ich aus!

P: Und warum. Ich will jetzt einen Freund!

Pa: Ich aber nicht.

P: Ich sag doch – Du bist gemein.

Pa: Und ich sage – nein! Es gibt nämlich Dinge und Angelegenheiten, die nicht von Dir alleine entschieden werden. Sondern zunächst einmal von mir, und dann gibt es ja auch noch den Karl und den Mischa: Und die haben auch noch etwas mitzureden.

P: OK. Aber die wollen das doch auch.

Pa: Da wäre ich mir nicht so sicher – hast Du mit denen denn geredet?

P: Ne.

Pa: Also – ich aber – und beide sehen das durchaus etwas anders.

P: Ach.

Pa: Ja – und ich auch. Und zwar gibt es da mehrere Gründe. Erstens will ich jetzt gerade gar keinen Freund haben!

P: Ach, und wieso?

Pa: Ganz einfach, weil ich jetzt damit beschäftigt bin, uns ein neues Zuhause zu bauen – darauf konzentriere ich mich gerade. Mir ist es wichtig, dass wir vier uns erst mal als neue Familie richtig stabil aufgestellt haben. Also mit mir als Eurem Papa und mit Euch dreien, die ihr alle Euren eigenen Willen und Eure Wünsche habt. Und damit hab ich erst einmal so richtig viel zu tun. Also das Kennenlernen von allen in unserer Familie und alles so einzurichten, dass jeder von uns auf seine Kosten kommt – und keiner hinten runterfällt.

P: Das passiert aber doch eh´ nicht.

Pa: Doch, das kann durchaus passieren, wenn ich nicht ganz doll aufpasse, dass z. B. Du mit Deinem Wunsch, einen Freund haben zu wollen, vorpreschst, und nebenher haben wir den einen oder anderen Punkt oder Wunsch eines anderen Familienmitglieds vergessen. Und das passiert nicht!

P: OK – aber was mach ich denn da – ich will doch einen Freund haben?

Pa: Da musst Du jetzt eben abwarten.

P: Nein – das will ich nicht – Ich will einen Freund – jetzt – den Simon!

Pa: Siehst Du – da musst Du jetzt eben einmal Ruhe bewahren. Weil ich bestimme hier, wann wir jemanden, den wir kennengelernt haben, eventuell als Freund in unsere Familie lassen. Und nicht Du!

P: Das ist aber gemein!

Pa: Nein, das ist nicht gemein. Das ist nämlich etwas, was nicht Du entscheiden kannst. Erstens ist jetzt noch nicht der richtige Zeitpunkt – das hab ich Dir ja bereits erklärt. Zweitens kennen wir den Simon doch gar nicht richtig. Der ist nett – ja –, aber das ist es auch schon. Bevor man so etwas wie eine Partnerschaft beginnt, sollte man sich den Menschen ganz genau anschauen, ob er denn auch zu einem passt und auch ob er zu Euch Jungs passt. Nur so einfach – ach der ist nett und hopplahopp gut ist – so geht das nicht!

P: Aber doch, so geht das – ganz sicher!

Pa: Nein, so geht das nicht. Außerdem weißt Du ja gar nicht, ob der Simon mich denn überhaupt als Partner haben will. Der muss nämlich mich, und auch Euch, alle erst einmal kennenlernen.

P: Das stimmt natürlich.

Pa: Genau – und dafür brauch es Zeit.

P: Also das verstehe ich jetzt.

Pa: Na prima. Aber da gibt es noch etwas, was wir besprechen sollten.

P: Ja?

Pa: Erinnerst Du dich noch daran, wie schlecht es uns gegangen ist, als ich mich von Peter trennen musste?

P: Oh ja, das war ganz schrecklich und wir waren alle so doll traurig.

Pa: Genau, und deshalb brauche ich Zeit, damit wir so eine Sache nie, nie mehr erleben. Ich weiß jetzt, dass ich als Euer Papa die Verantwortung habe, in Zukunft den Partner auszusuchen, bei dem so eine Katastrophe nicht mehr passiert.

P: ich glaube nicht, dass der Simon so ist wie Peter, der ist doch so lieb und macht so schöne Sachen mit uns.

Pa: Das kann sein, aber nach so kurzer Zeit weiß ich das eben noch nicht. Ich will den Fehler nicht noch einmal machen und deshalb musst Du dich ganz doll daraus halten. Ich passe darauf auf, dass wir alle nicht mehr so schrecklich enttäuscht werden, wie von dem Peter – versprochen!

P: Aber trotzdem will ich bald einen Freund haben. So ganz ohne will ich nicht.

Pa: Schatz, ich doch auch nicht. Und ich kann Dir versprechen, dass ich das Thema ja auch nicht ganz weglege. Aber gerade jetzt ist erst Mal Ruhe angesagt.

P: Und wann ist es soweit, wann weißt Du das?

Pa: Das kann ich Dir nicht sagen.

P: Jetzt bist Du wieder gemein. Ich will das ganz genau wissen.

Pa: Tja – manchmal sind Eltern aus der Sicht ihrer Kinder eben gemein – da kann ich nichts dran ändern. Aber da Ihr Kinder nicht sehen könnt, wann der richtige Zeitpunkt und die richtige Person da ist, entscheiden wir Erwachsene das – und nicht Ihr Kinder. Und damit basta!

P: Hu – das ist aber fies!

Pa: Noch mal, Schatz – das ist nicht fies – sondern nur sehr besonnen und klug. Außerdem beschütze ich Euch, und uns, doch damit auch. Das verstehst Du doch?

P: Ja – gefällt mir aber nicht.

Pa: Das kann schon sein. Aber Du kannst Dich ganz sicher auf mich verlassen, dass, wenn ich denke, dass der Zeitpunkt gekommen ist, unsere Familie ganz stabil und fest aufgestellt ist – dann halte ich auch die Augen nach einem Partner auf. Aber wie gesagt – das bestimme ich!

P: Aber Du guckst dann schon – oder?

Pa: Ja – das habe ich dir ja versprochen.

P: OK. Dann guck aber bald, ja?

Pa: Also das überlässt Du mal ganz ruhig mir – OK?

P: Ja OK. Ist zwar doof, aber OK.

Pa: Gut. Dann bleib ich am Ball und Du gibst erst mal Ruhe, ja?

P: Hm – muss ich ja wohl.

Pa: Ja – musst Du – aber das wird schon. Du kannst Dich auf mich verlassen. Ich hab Dir doch noch nie etwas versprochen, was ich nicht eingehalten habe – oder?

P: Nee, stimmt.

Pa: Alles klar, Paul – bis dann, ja?

P: Ja, bis dann, Papa.

Dialoge mit Paul und Mischa zum Thema Selbstwertgefühl

Problem: Eine Aufgabe während meiner Therapie bestand darin, meine Stärken und Erfolge zu formulieren, um sie mir nicht nur bewusst zu machen, sondern auch auf das Erreichte mit Stolz zu blicken. Das fiel mir sehr schwer.

Ursache: Diesmal war ein fest verankertes Introjekt, das der arme Paul tief verinnerlicht hatte. Mein Vater hatte mir ja nun mehrmals in meiner Kindheit klargemacht, dass ich ein Versager sei. Außerdem vertrat er die Ansicht, wie so viele Menschen seiner Generation, dass es sich nicht „schickte", sich selbst zu loben. Das war geradezu unanständig und ein wenig Aberglauben, dass ein Gefühl des Stolzes über die eigene Person Unglück bringen könnte, war sicher auch im Spiel.

Erkenntnis: Während des Dialoges spürte ich ganz deutlich, wie anstrengend es war, ein tabuartiges Verbot zu überschreiten und wieviel Angst es Paul machte. Erleichtert stellte ich jedoch auch fest, dass es sehr wohl einen Anteil in mir gab, nämlich Mischa, der völlig anderer Meinung war. Das Introjekt war also gar nicht so hermetisch.

Ergebnis: Ich konnte mit Hilfe meines rebellischen Anteils die gewünschte Liste schreiben und war erstaunt, wie umfangreich sie wurde. Es war ein gutes Gefühl, nach meinen eigenen Regeln zu handeln. Darauf war ich stolz.

Pa: Hallo Jungs, können wir uns gerade einmal besprechen?

Beide: Klar – was ist denn?

Pa: Jetzt geht es ja dem Jahresende entgegen, und wie immer mache ich mir Gedanken darüber, was denn gut gelaufen ist. Und da das ja auch Euch betrifft, wollte ich Euch einmal um Eure Meinung fragen.

M: Oh, klasse – das gefällt mir – endlich können wir mal über das sprechen, was cool gelaufen ist. Das durften wir ja nie. Und mir fallen da schon einige gute Sachen ein!

Pa: Na prima – dann fang mal an!

P: Nein! Das kommt überhaupt nicht infrage. Das ist verboten!

Pa: Ach Du liebe Zeit – das musst Du uns aber jetzt mal erklären.

M: Er schon wieder!

P: Also: Dummheit und Stolz wachsen auf einem Holz. Das hat der Opa immer gesagt. Und gemeint hat er damit, dass man sich nicht mit Sachen brüsten soll. Besser ist es, das, was man erreicht hat, für sich zu behalten. Sonst fällt man auf die Nase, und das ist gefährlich!

Pa: Stimmt – das hat der Opa gesagt.

P: Genau. Und da das gefährlich ist, lassen wir das besser mal sein.

M: Find ich nicht. Wir haben ganz viele gute Sachen in diesem Jahr erreicht, und ich meine, da sollten wir uns endlich mal drüber freuen dürfen.

Pa: Da bin ich ganz Deiner Meinung, Mischa. Und Paul – da müssen wir – glaube ich – mal wirklich drüber reden.

Denn das, was der Opa da erzählt hat, stimmt einfach so nicht.

P: Doch!

Pa: Nein – das stimmt nicht, und ich erklär Dir das auch – ja?

P: Hm.

Pa: Also – stell dir mal vor, wir haben uns vorgenommen etwas zu tun, was wir vorher noch nie gemacht haben. Und wir wissen, dass so ein Projekt auch viel Vorbereitung und Energie kostet und auch anstrengend sein kann. Und dann haben wir das ganz genau so angepackt, und auch tatsächlich unser Ziel erreicht. Dann ist das doch etwas ganz Schönes!

P: So wie die Prüfung beim Reiten?

Pa: Ganz genau. Da hast Du ja auch ganz stramm dafür gelernt und dann hast Du die Prüfung richtig gut abgeschlossen. Da darf man doch stolz drauf sein!

P: Aber das ist doch Angeberei – und das ist falsch – das darf man nicht!

Pa: Weißt Du, Paul – zwischen Angeberei und Stolz – da gibt es einen riesigen Unterschied.

P: Also für mich ist das dasselbe.

Pa: Ist es aber nicht. Angeberei ist, wenn man sich mit etwas brüstet, wofür man eventuell gar nichts getan oder vielleicht auch einfach nur Glück gehabt hat. So wie der Richard in Deiner Klasse, der immer rum erzählt, wie reich seine Eltern sind und was für ein tolles Auto sein Vater hat. Das ist Angeberei und die ist wirklich blöde.

P: Find ich ja auch, und deshalb macht man das ja auch nicht.

Pa: Genau – insbesondere dann, wenn der Richard das gegenüber Mitschülern macht, deren Eltern nun mal nicht so viel Geld haben, wie seine. Das ist dumm und gemein!

P: Sag ich doch.

Pa: Das ist aber etwas total anderes, als stolz auf etwas zu sein, wofür man auch etwas getan hat. Wenn Du dich nämlich wirklich ganz doll angestrengt hast, etwas zu erreichen, was Du noch nie getan hast, was mühsam und total ungewohnt gewesen ist – dann darf man auch stolz sein. Dann darf man sich darüber freuen, und das auch erzählen. Das ist nämlich total wichtig. Dann ist das nämlich nicht nur so, dass du dich alleine freust, sondern das kann auch ein Ansporn für andere Menschen sein, auch einmal etwas anderes auszuprobieren und etwas zu wagen.

P: Du meinst, das hilft auch den anderen?

Pa: Na klar. Es gibt doch ganz viele Menschen, die sich erst gar nicht trauen, etwas Neues oder Ungewohntes anzufangen. Und wenn die dann sehen, dass etwas Schwieriges oder Ungewohntes machbar ist – dann fällt das ihnen vielleicht auch leichter, es auch einmal zu versuchen. Das wäre doch schön.

P: Das stimmt natürlich.

Pa: Und dazu kommt noch, dass es für dich selbst auch ein Ansporn sein kann, in Zukunft Sachen, die ungewohnt sind mutiger anzugehen. Weil Du ja gelernt hast – Mannomann – das schaffe ich – da ich ja so etwas Ähnliches

166

auch schon mal gepackt habe. Und dann fluppt es beim nächsten Mal auch schon wieder viel besser. Also hat Stolz etwas total Positives.

P: Hm, versteh ich – und dann ist das ja gar nicht gefährlich. Sondern eher gut.

Pa: Ganz richtig. Stolz auf etwas Erreichtes zu sein, ist etwas sehr Gutes, weil es für die Zukunft hilft. Außerdem möchte ich nicht Mischa den Spaß daran verderben, sich mit uns darüber zu freuen, was wir alles gemeinsam erreicht haben. Das wäre doch gemein, oder?

P: Also, das ist dann ja OK so. Das find ich dann auch gut, und zu Mischa will ich auch nicht gemein sein.

Pa: Na prima – dann können wir uns ja jetzt zusammen Gedanken machen, was denn so richtig toll gelaufen ist für uns in diesem Jahr.

M: Super – mir gefällt, dass auch der Angsthase Ruhe gibt und ich auch einmal zum Zuge komme.

P: Und ich versuch's auch mal.

Pa: Na prima – dann machen wir mal unsere Liste!

Dialoge mit den drei Kindern zum Thema Umgang mit Feiertagen

Problem: Mir kam die Idee, Weihnachten einmal ohne den ganzen Rummel mit Freunden oder gar der Familie zu feiern. Ein verlockender Gedanke, wenn auch sehr ungewöhnlich, etwas mulmig wurde mir schon dabei.

Ursache: Meine Kinder kannten keine Feiertage, die zur freien Verfügung standen. Es waren feste Konventionen, die ich bis dato auch immer eingehalten hatte. Allerdings machte mich dies äußerst selten froh. Es war immer stressig und in der letzten Konsequenz der Mühen nicht wert.

Erkenntnis: Während ich in dem Dialog meine Kinder von der Idee begeistern wollte, wurde mir klar, wie sehr sie in den alten Ritualen gefangen waren. Wie kühn der Plan war.

Ergebnis: Es war äußerst befreiend, meiner Umwelt mitzuteilen, dass ich dieses Jahr an Weihnachten allein sein wollte. Ich erzeugte allgemeines Kopfschütteln; Ärger mit der Familie oder gar Krankheit wurde vermutet. Ich kam mir vor wie ein „Alien". Doch ich setzte die Idee um – und es wurde ein sehr schönes Fest.

Pa: Hallo Jungs – ich hätte da einmal ein wichtiges Thema mit Euch zu besprechen.

Alle: Gerne, Papa – was ist denn?

Pa: Es steht ja Weihnachten vor der Türe und da möchte ich gerne die Planung mit Euch machen.

M: Wird gefeiert?

Pa: Ja, aber ich habe mir gedacht, dass wir in diesem Jahr einmal etwas anderes als normalerweise machen.

P: Ach, und was?

K: Ich will ´nen Weihnachtsbaum!

Pa: Also mal der Reihe nach. Ich hatte mir gedacht, dass wir in diesem Jahr Weihnachten alleine feiern. Also wir vier – sozusagen als Familienfest.

P: So ganz alleine – ohne Freunde wie sonst?

Pa: Ja, das dachte ich mir.

K: Ich möchte auf jeden Fall eine Krippe und Kerzen und Geschenke und auch einen Weihnachtsbaum. Der Rest ist mir egal.

Pa: OK – da können wir ja mal mit anfangen. Wenn Dir das gefällt, dann bekommst Du gerne das ganze Programm. Also vom Baum bis zur Krippe.

K: Und auch leckere Plätzchen?

Pa: Auch die, mein Schatz!

K: Dann ist es ja gut so. Ach ja, und das Räuchermännchen.

Pa: Auch der Räuchermann soll dabei sein. Ist das denn für Dich dann so in Ordnung?

K: Mir reicht das so. Ich finde das schön. Das ist dann kuschlig und mit Euch auch prima. Ich finde das gut.

Pa: Prima, Karl. Also Dich hätten wir schon mal im Boot. Und was ist mit Euch beiden?

P: Also, ich weiß nicht, ob mir das gefällt. Sind wir denn dann nicht traurig, wenn da niemand ist?

Pa: Sind wir Vier denn „niemand"? Ich glaube, dass wir nie mehr allein sein werden, weil Du, der Karl, Mischa und ich uns immer haben werden. Ist das nicht schön?

P: Ja, natürlich. Aber das muss doch trotzdem immer mit so ganz vielen Leuten sein. Wie letztes Jahr. Und vielleicht auch mit Oma und Opa? Das haben wir doch so lange nicht mehr gemacht.

Pa: Ach Du meine Güte – die würde ich aber gerne weglassen, ehrlich gesagt. Ich hab nämlich gar keine guten Erinnerungen an Weihnachten mit denen.

P: Aber die können wir doch nicht alleine lassen. Die sind doch dann traurig.

Pa: Weißt Du, Paul – das denke ich nicht. Die haben doch sich beide, und dann laden sie doch auch immer noch ein paar Freunde ein, mit denen sie feiern. Also alleine sind die nicht!

P: Aber sie würden sich doch freuen, wenn wir das zusammen machen würden.

Pa: Das kann schon sein. Aber ich möchte das nicht, da sie nun einmal nicht so nett mit uns sind. Und dann passiert es womöglich, dass Du dich ganz doll vorfreust – so wie früher auch immer – und hinterher bist Du ganz enttäuscht, dass es nicht so schön wird, wie Du Dir das gewünscht hast. Das ist doch eigentlich immer so gewesen.

Erinnerst Du dich noch an das Weihnachten vor ein – zwei Jahren? Da war das doch total nervig! Da war doch wieder angesagt, ganz brav zu sein, Lieder abzusingen, und dann war es auch noch steif und vor allem gar nicht fröhlich und kuschlig.

P: Hm – stimmt. Da habe ich mich ganz doll drauf gefreut, und lustig ist das nicht gewesen. Eigentlich eher Hektik wegen des Essens, und der Opa war so streng!

Pa: Ganz genau. Das hast Du sicher vergessen. Kann das sein?

P: Ist wohl so. Aber ich denke immer, dass Weihnachten mit der Familie schön und auch fröhlich sein muss, und sich alle freuen und liebhaben. Das wünsche ich mir wirklich ganz dolle!

Pa: Schau mal, lieber Paul, ich verstehe Deinen Wunsch absolut, deshalb machen wir das in unserer kleinen Familie genau so, dann wissen wir, dass es mit der Fröhlichkeit und dem Liebhaben auch klappt. Also der Karl, der Mischa und Du und ich. Dann wird es auch wirklich schön sein. Es gibt ´nen Weihnachtsbaum, eine Krippe und schöne Geschenke. Und wir machen es uns total fröhlich und vor allem unkompliziert zusammen. Also wir vier und gute Laune. Was meinst Du?

P: Also mit euch ist das ganz sicher schön. Aber dürfen wir das denn alleine machen – so ohne andere. Nur wir vier?

Pa: Ja, Paul – das dürfen wir. Weil es ein Fest ist, an dem die Familie beisammen ist. Und da der Opa und die Oma nicht lieb zu uns sind, dürfen die nicht mitmachen. Sondern wir machen das für uns. Dann aber mit allem Drum und Dran.

P: OK – man kanns ja mal versuchen. Aber ich möchte auch den Weihnachtbaum und alles dazu. Und auch Geschenke!

Pa: Die bekommt Ihr auch – alle drei!

P: Dann ist das OK.

Pa: Prima, und was sagst Du, Mischa?

M: Komisch – ich habe da gemischte Gefühle.

Pa: Aha, und wie sehen die aus?

M: Also einerseits brauche ich ja auch keinen Weihnachtsrummel mit Familie und so. Ich finde es wichtig, dass wir etwas Schönes essen und dass wir so etwas wie eine Party machen. Das ist schon super so. Aber irgendwie muss ich da dem Paul zustimmen. Ist das OK, wenn wir das nur so für uns alleine machen. Muss das nicht anders sein? Also ich denke da nicht an Oma und Opa – aber ist das nicht eher ein Fest, was man mit anderen zusammen feiert. Kann man das überhaupt so ganz für sich machen?

Pa: Also das denke ich auf jeden Fall. Wer sagt denn, dass man das mit anderen zusammen feiern soll?

M: Keine Ahnung – aber das sagen doch alle, und wir haben das auch immer so gemacht. Außerdem, muss man sich an solchen Feiertagen nicht um andere Menschen kümmern?

Pa: Ja, das bekommen wir erzählt. Aber wir dürfen auch darauf schauen, ob das denn so, wie andere Menschen das vorsehen und uns vielleicht auch ein Stück weit vorschreiben, schön für uns ist. Und ich muss sagen, dass ich das in den letzten Jahren eher nicht so dolle gefunden habe. Auch mit den Freunden im letzten Jahr hab ich Weihnachten eigentlich eher anstrengend und mühsam und auch irgendwie angespannt empfunden. Weil, die meisten Menschen erhoffen sich etwas ganz besonders Feierliches oder Schönes. Da werden irre Anstrengungen unternommen, um es auch optimal hinzubekommen, und dann wird es am Ende doch immer gezwungen oder verkrampft. Und da habe ich nun keine Lust mehr drauf. Ich würde mir wünschen, dass wir uns einen richtig schönen Abend machen. Mit klasse Essen, feinen Geschenken, und ich organisiere uns einen Film, den wir alle mögen, und den schauen wir uns dann ganz gemütlich an.

M: OK – so hab ich da noch nie draufgeschaut. Wir dürfen also auch an Weihnachten das machen, worauf wir Lust haben – ja?

Pa: Absolut! Wir lassen uns doch nicht vorschreiben etwas zu tun, was hinterher krampfig oder enttäuschend ist!

M: Na ja – bei uns so ist das ja nun mal meistens so gewesen.

Pa: Genau – und deshalb versuchen wir es in diesem Jahr einmal anders.

M: OK. Das kann man so machen. Ich bin dabei.

Pa: Klasse. Also bis die Tage dann!

Dialog mit Paul zum Thema Liebe / Leistung

Problem: Ich hatte eine Bekannte bei der Lösung einer Erbschaftsangelegenheit unterstützt und mich dabei sehr intensiv engagiert. Nach erfolgreicher Arbeit spürte ich, dass die Frage in mir hoch kam: Warum habe ich mich eigentlich so ins Zeug gelegt?

Ursache: Mir fiel wieder ein, dass der Antrieb, meine Hilfe mehr oder weniger unaufgefordert angeboten zu haben, daher rühren könnte, dass ich über Jahre hinweg unter der Kuratel meines Vaters als auch meines langjährigen Partners gestanden hatte, und mein Engagement aus dem Liebe=Leistungsprinzip stammen könnte.

Erkenntnis: Der Dialog machte mir klar, dass ich Recht gehabt hatte. Paul hatte es eingebläut bekommen immer erst in Vorleistung zu gehen, sich anstrengen zu müssen, um dann evtl. etwas zu bekommen.

Ergebnis: Es tat sehr gut mir vor Augen zu halten, dass es keinerlei Vorleistung bedarf, um die Zuneigung von Menschen zu erringen. Es gelang mir, Stück für Stück einfach zu nehmen und zu geben – ohne Kalkül. Was für eine Erleichterung!

Pa: Hallo Paul – hättest Du gerade einmal einen Moment?

P: Na klar, Papa. Was ist denn?

Pa: Wir hatten doch neulich über Frau X gesprochen und da ist ein Thema aufgekommen, das ich noch einmal mit Dir ansprechen würde – OK?

P: Wenn's nicht schlimm ist?

Pa: Nein, mein Schatz – ganz sicher nicht.

P: Um was geht es denn?

Pa: Habe ich Dich neulich richtig verstanden, dass Du denkst, wenn Du Dich bei jemandem, wie der Beate oder auch bei dem Opa, ganz doll anstrengst – diese Person auch lieb mit Dir sein wird? Kann das sein?

P: Na klar. Das hat der Opa doch immer gesagt. Und zwar muss ich vorher von mir aus schon einmal etwas für ihn tun – damit er dann auch lieb mit mir ist.

Pa: Ah ja. Das ist also so wie bei dem Garagentor, das Du ganz flott aufgemacht hast, wenn Du mitbekommen hast, dass der Opa nach Hause kommt. Und dann hast Du gehofft, dass der Opa das lieb von Dir findet und dann auch eben lieb mit Dir ist.

P: Ganz genau! Weil der Opa uns ja immer gesagt hat, dass man gar nichts von einem anderen Menschen erwarten kann, wenn man vorher nichts Nettes für ihn getan hat. Von alleine machen Menschen das nämlich nicht.

Pa: Weißt Du, Schatz – es tut mir leid, wieder einmal sagen zu müssen, dass der Opa damit nicht Recht gehabt hat. Das ist ganz einfach falsch gewesen.

P: Nee, das kann nicht sein! Ich muss vorher etwas tun, damit jemand lieb zu mir ist! Und beim Peter war es doch auch so!

Pa: Und das stimmt eben nicht.

P: Und wieso nicht?

Pa: Weil es nun mal so ist, dass die meisten Menschen anderen Menschen gegenüber lieb oder freundlich sind, ohne dafür etwas zu erwarten. Das ist etwas anderes, wenn man in ein Geschäft geht und etwas kaufen möchte. Da geht man hin, sucht sich etwas aus und als Gegenwert gibt man Geld her. Oder wenn Du Deine Quartettkarten in der Schule tauschst, dann gibst Du eine Karte gegen eine andere oder mehrere Karten her. Das ist aber ein Geschäft und hat nichts mit dem zu tun, was Menschen sich als so etwas wie ein Geschenk machen.

P: Ach – das ist etwas anderes?

Pa: Oh ja. Das ist ein Riesenunterschied! Ein Geschenk oder eben eine freundliche Geste oder Zuneigung, die schenken sich Menschen, ohne einen Gegenwert dafür haben zu wollen. Die tun das, weil sie es eben schön finden, Dir eine Freude zu bereiten. Und sie freuen sich darüber, wenn es Dir gut geht. Und dafür braucht es keine Gegenleistung oder Gegengeschenk. Das tun Menschen ganz einfach so.

P: Ach, das ist ja spannend. Wenn ich ein Geschenk bekomme, muss ich also nicht wieder etwas zurückgeben?

Pa: Nein. Das musst Du nicht! Da bedankst Du dich dafür und sagst, dass Du dich freust, und gut ist es. Mehr ist nicht nötig.

P: Ach, so ist das.

Pa: Ganz genau. Weil: Jemandem eine Freude zu bereiten oder ihn ganz doll lieb zu haben – das macht man ganz einfach so – ohne daran zu denken, dass man dafür etwas zurückbekommen muss.

P: Dann hätte ich dem Opa gar nicht das Garagentor aufmachen müssen oder mit dem Peter gar nicht segeln gehen müssen?

Pa: Auf jeden Fall nicht, um endlich von ihm einmal liebgehabt zu werden.

P: Hm.

Pa: Schau mal. Die Tante Helga hast Du doch wirklich ganz doll lieb gehabt. Und sie dich ja auch!

P: Na klar. Die war immer lieb.

Pa: Richtig. Und hast Du gedacht, dass sie das nur ist, wenn Du etwas für sie getan hast? Also ihr zum Beispiel bei den Einkäufen geholfen hast?

P: Nö. Das habe ich ja gemacht, um ihr zu helfen, da sie ja eh schon immer so viel arbeiten musste.

Pa: Ganz genau. Tante Helga hat Dich ganz einfach lieb gehabt – so wie Du bist. Und da hast Du nichts dafür tun müssen. Gar nichts! Und umgekehrt auch. Du hast die Tante Helga liebgehabt, ohne dass sie etwas dafür hätte tun müssen. Auf so einen Gedanken wärest Du ja gar nicht gekommen.

P: Stimmt!

Pa: Also hast Du das ja schon einmal erlebt, wie das ist, wenn ein Mensch wie die Tante X dich lieb hat, ohne dass Du da etwas für hast leisten müssen.

P: Ja – das war immer ganz einfach.

Pa: Richtig! Und wenn Du das weißt, dann ist doch klar, dass es eben auch so gehen kann, und nicht so, wie der Opa Dir das gesagt hat.

P: Das ist auch beim Opa so?

Pa: Na ja – eigentlich sollte das so sein. Bei ihm ist das aber eben anders. Er erwartet, dass Du als Kind erst einmal in Vorleistung gehen musst, damit er auch lieb oder freundlich zu dir ist.

P: Und warum?

Pa: Du, Paul – das ist eine ganz komplizierte Angelegenheit. Ich glaube, das hängt irgendwie mit den Eltern vom Opa zusammen. Die werden ihm das so beigebracht haben. Aber auch bei denen war das schon nicht richtig.

P: Hu, das ist aber traurig.

Pa: Ja, das ist es. Aber da können wir auch nichts mehr dran ändern. Wir müssen jetzt darauf schauen, dass das, was der Opa Dir beigebracht hat, einfach nicht stimmt. Und das bedeutet, dass Du nicht in Vorleistung zu gehen brauchst, damit Dich ein Mensch – und zwar egal wer – lieb hat. Das kommt von ganz alleine. Ohne Leistung oder Gegenleistung. Das schwebt – wie eine Wolke.

P: Oh – das hört sich aber schön an. Und auch kein Stress. Ich muss also nicht dafür arbeiten, dass mich jemand lieb hat?

Pa: Stimmt. Dafür musst Du nicht arbeiten. Das kommt von alleine. Und sollte es doch einmal vorkommen, dass ein Mensch, von dem Du Dir ganz doll wünschst dass er Dich mag, Dich nicht so gerne mag wie Du ihn, dann würde es auch nichts nützen, wenn Du ihm etwas schenkst oder ihm hilfst, damit er Dich mag. Du gibst das ja auch von alleine, wenn Du jemanden so ganz doll gerne hast, und würdest es komisch finden, wenn jemand Dich durch irgendetwas zwingen würde, ihn zu mögen – oder?

P: Stimmt. Es sollte also sein wie bei Tante Helga.

Pa: Ja genau, wie Tante Helga.

P: Oh super. Das gefällt mir.

Pa: Mir auch, mein Schatz. Das ist doch besser, als sich immer Gedanken machen zu müssen: Oh Mann – was muss ich denn jetzt tun, damit es schön oder gut wird. Das musst Du ganz einfach nicht mehr tun!

P: Oh Klasse – das merk ich mir!

Pa: Prima. Das freut mich. Und gut, dass wir darüber sprechen konnten!

P: Ja, super, Papa!

Pa: Gut, also bis später dann – ja?

P: Ja, Papa – bis später!

Begrüßungsdialog mit allen Kindern

Falls Sie, liebe*r Leser*in, bis hierhin meine inneren Dialoge verfolgt haben, ist vielleicht bei Ihnen der Wunsch entstanden, es selbst einmal zu versuchen.

Das würde mich natürlich sehr freuen. Denn wenn Sie erst einmal erkannt haben, dass in jedem von uns innere kindliche Anteile/Stimmen, tagein, tagaus versuchen, mit Ihren Ängsten, mit Ihren Forderungen und Wünschen, ihren Sehnsüchten und Unsicherheiten umzugehen, dann ist der Weg bereitet, sich einzumischen, zuzuhören und wie beschrieben, mit viel Verständnis, die Rolle als beschützender, erklärender und nicht zuletzt bestimmender Erwachsener anzunehmen.

Damit Ihnen dieser erste Schritt etwas leichter fällt, hier ein Beispiel, wie Sie sich Ihren Kindern vorstellen können. In der Einführung habe ich schon erklärt, dass es in der Regel zwei Kinder sind, ein eher ängstliches, vorsichtiges und dessen Gegenteil – der Gegenpart. Um Ihre Vorstellungskraft zu unterstützen, kann ein Blick ins Familienalbum nützlich sein. Sehen Sie sich Ihre Kinderbilder diesbezüglich einmal an und versuchen, zwei für diese Eigenschaften typische Fotos herauszusuchen.

Rahmen Sie diese und geben Ihren Kindern Namen, am besten Ihre Lieblingsnamen. Stellen Sie diese vor sich hin und überlegen dann, welche Eigenschaften typisch sein könnten und was Sie ihnen erzählen würden.

Jedes von Ihnen ist ein großer Schatz; diesen näher kennenzulernen lohnt die Mühe und vielleicht auch die anfängliche Skepsis zu überwinden. Glauben Sie mir, ich weiß wovon ich spreche!

So oder ähnlich könnten Sie beginnen:

Pa: Hallo Karlchen, Paul und Mischa – hier ist euer Papa und ich wollte einmal mit Euch reden!

Alle: Huch – das ist aber neu?

Pa: Ja, das ist neu, und ich bin total glücklich, dass ich jetzt weiß, dass Ihr da seid. Aber wir sollten uns vielleicht erst einmal besser kennenlernen – was meint Ihr?

M: Na, das wurde aber auch Zeit! Du weißt doch schon ganz lange, dass es uns gibt, aber hast nie so richtig zugehört, wenn wir mal was gesagt haben. Also endlich – kann ich nur sagen.

Pa: Da hast Du Recht, Mischa. Aber auch wenn ich schon ganz lange wusste, dass es Euch gibt, war mir gar nicht klar, dass wir ja auch miteinander reden und uns besprechen können, wenn es um Angelegenheiten geht, die für Euch wichtig sind. Und da ich das jetzt gelernt habe, habe ich mich eben auf die Socken gemacht und würde gerne einmal sagen: Hallo, hier ist euer Papa!

M: Wie gesagt – ich finde das ja gut, auch wenn es ja doch ziemlich lange gedauert hat. Aber besser spät als nie.

Pa: Finde ich auch.

M: Dann machen wir jetzt sicher auch ganz viele Sachen, die mir Spaß machen. Also mehr Party und wilde Sachen.

Pa: Ja, das kann ich mir gut vorstellen. Aber abstimmen tun wir das mit Deinen Brüdern. Oder wir machen eben ganz alleine etwas zusammen.

M: Hauptsache, dass uns jetzt endlich mal jemand zuhört und auch das macht, woran wir Freude haben. Und das trifft ja für uns alle zu.

P: Ja, genau. Ich will, dass wir es ganz schön miteinander haben. Nicht mehr so viel Stress und Angst haben, weil ich brav sein muss. Und ich möchte gerne spielen. Und auch wild sein dürfen!

Pa: Na klar. Wenn wir uns jetzt kennenlernen, dann können wir ja auch darüber reden, was Dir und Euch Freude bereitet und dann schaue ich, wie wir das so richtig gut einplanen und auch machen können. Also ich bin dabei.

P: Ja, endlich mal richtig schön fröhlich beisammen sein.

K: Und kuschlig. Ich will es kuschlig und friedlich haben. Ich habe ja sonst auch immer Angst und muss mich verstecken. Das will ich nicht mehr! Schön, wenn Du jetzt für mich da bist und mich beschützt.

Pa: Ganz sicher, Karl. Jetzt bin ich ja da und passe auf, dass Dir gar nichts passieren kann. Das trifft aber für Euch alle drei zu. Das ist nämlich ziemlich neu für Euch, denke ich.

P: Also ich muss ja immer aufpassen, dass alles richtig läuft und nichts Schlimmes passieren kann.

Pa: Und genau das musst Du ab jetzt nicht mehr machen, mein Schatz. Weil ich dafür sorge, dass Euch dreien nichts passieren kann und Ihr das machen könnt, woran Ihr Freude habt.

P: Na, das ist aber neu.

Pa: Ja, das ist neu, aber ich denke auch gut – oder? Du kannst nämlich jetzt ganz friedlich spielen und musst nicht mehr aufpassen, dass etwas schief geht. Das ist ab sofort nämlich Papa-Angelegenheit!

P: Oh super – das fänd´ ich ja schön.

M: Ich auch – vor allem, dass uns jetzt mal endlich jemand zuhört, wenn es uns nicht so gut geht oder wenn wir auch einmal unsere Sachen durchziehen wollen. Ich bin es nämlich leid, dass wir immer nur das machen, was andere von uns verlangen. Ich möchte endlich mal mein Ding machen!

Pa: Und genau das wird auch ab sofort passieren! Weil ich jetzt darauf achte, dass jeder von euch auch auf seine Kosten kommt. Also wilde Sachen, spielen oder kuscheln – alles ist mit im Paket drin.

M: Hört sich gut an.

P: Ja – spielen.

K: Und kuscheln!

Pa: Ganz genau! Und damit das auch so richtig gut klappt, verspreche ich Euch, ganz doll die Ohren aufzusperren, wenn Ihr Euch meldet. In der Vergangenheit hab ich Euch ja gar nicht so richtig hören können. Und ich verspreche, jetzt ganz aufmerksam zu sein. Das heißt, wenn Ihr etwas auf dem Herzen habt oder Euch ganz heftig etwas wünscht – dann kommt Ihr zu mir gelaufen und sagt: Halt Papa – da habe ich etwas, was ich gerne besprechen möchte! Und dann reden wir drüber. Was meint Ihr?

M: Cool.

P: Au ja, das ist fein!

K: Ja, gerne.

Pa: Und umgekehrt mache ich das auch so – ja? Wie heute. Da melde ich mich und wir besprechen dann, was ansteht. Ja?

M: Na klar. Wenn wir uns melden dürfen, machst Du das doch auch?

Pa: Finde ich auch. Und ich freue mich schon riesig, wenn wir dann so als neue Familie miteinander so richtig liebevoll umgehen. Ich passe darauf auf, dass es Euch gut geht, dass Euch nichts passieren kann, und gleichzeitig unternehmen wir Sachen, die uns allen Freude bereiten. Also mir gefällt das super!

Alle: Ja, uns auch!

Pa: Prima, Jungs. Dann sause ich jetzt mal wieder weiter und wir sprechen bald über die nächsten Vorhaben – ja?

Alle: Ja, super!

Pa: Ok, bis später dann.

Alle: Ja, bis später!

Mein neues selbstbestimmtes Leben

Nachdem ich berichtet habe, welche therapeutischen Werkzeuge und Erkenntnisse mich aus meiner Angst befreit haben, möchte ich Ihnen das Ergebnis dieses Weges nicht vorenthalten. Möglicherweise fragen Sie sich: Welche Veränderungen hat es konkret gegeben? Wie sieht sein neues Leben aus?

Im Grunde genommen sind es drei Kernprobleme, die meine Therapeutin und ich angepackt haben: die Beendigung der Partnerschaft, die berufliche Neuausrichtung – damit auch das Verhältnis zu meiner Familie und die Bewältigung meiner Ängste in sehr alltäglichen Lebenssituationen.

Galt es eine Hürde zu nehmen, starteten wir immer mit einer sehr allgemeinen Analyse der jeweiligen Probleme, wobei meine Therapeutin energisch hinterfragte, wie ich zu bestimmten Grundannahmen kam. So konnte ich erkennen, dass es oft irrationale Ängste und vor allem Introjekte waren, die zu Fehleinschätzungen der aktuellen Problematik führten. Hatte ich dies erst einmal erkannt, war ich in der Lage, eine neue, der Situation angemessenere Sichtweise zu erlangen und damit auch neue Wege zur Problemlösung finden.

Besonders schmerzhaft war, schrittweise zu erkennen, dass mein Partner im Grunde genommen ein Vaterersatz war. Was mich zu dieser Partnerwahl getrieben hatte, war die alte Sehnsucht, endlich geliebt zu werden, und zwar von einem Menschen, der sehr ähnliche Persönlichkeitsmerkmale hatte wie mein Vater. Paul trieb mich in seine Arme, denn er wollte seine eigenen Verletzungen durch diese Partnerschaft reparieren. Das konnte natürlich nicht gut gehen, da er mich, ebenso wie mein Vater, als Spielball für die eigenen Defizite und Launen als „Entlaster" instrumentalisierte. Klar, er war ihm ja so sehr ähnlich. Mich als Menschen zu sehen, war ihm daher nicht möglich, es konnte kein „Happy End" geben, keine Erfüllung der alten Sehnsucht.

Dies war die erste Erkenntnis, die mich schockierte und extreme Verlustängste auslöste. Die Kraft, endlich eine Trennung herbeizuführen, gab mir der Glaube, dass es auch anders gehen könnte, nämlich dann, wenn ich, als Erwachsener, mit all meinem neu erworbenen Wissen, in Zukunft die Partnerwahl bestimmen würde – nicht meine inneren Kinder. Um die Angst vor dem Verlust der Partnerschaft, die Angst, einen anderen Menschen durch eine Trennung zu verletzen und dafür womöglich wie auch immer „bestraft" zu werden, habe ich viele Dialoge mit Paul führen müssen, konnte ihn aber nach und nach beruhigen und überzeugen. Der erste große Schritt gelang im zweiten Anlauf.

Es war eine unglaubliche Befreiung, weil ich erst nach der Trennung spüren konnte, in welchem Maße diese Beziehung mein Leben mit fremdbestimmten – auf jeden Fall nicht ichigen – Inhalten gefüllt und in eine Isolation zur Außenwelt getrieben hatte. Endlich konnte ich mich wieder meiner Leidenschaft, der Gegenwartskunst, widmen, frei reisen, ohne erst die Genehmigung oder Erlaubnis eines Dritten zu erbitten, alte Freundschaften aufleben lassen und neue Bekanntschaften eingehen. Mein Leben wurde auf einmal wieder bunter, spannender und nährte mich. Erstaunlich waren die Reaktionen des Umfeldes, die ausnahmslos erleichtert und positiv über meine Entscheidung ausgefallen sind.

Wie Sie sich sicher vorstellen können, war es mit der Lösung meiner beruflichen und familiären Probleme schwieriger. Als erstes verkaufte ich das Haus in Spanien, da es zu einer unerträglichen Erinnerung an den Beziehungskäfig geworden war. Dadurch waren die finanziellen Reserven wieder aufgepolstert und der Blick in eine unsichere berufliche Zukunft konnte gewagt werden, ohne in Existenzangst zu versinken. Das Geschenk meines Vaters, der Maschinenbau, wurde schnellstens abgewickelt. Ein Verkauf war nicht mehr möglich, da zeitgleich mehrere ähnlich gelagerte Unternehmen aus dem Markt ausgeschieden sind und sich die Produktion ins Ausland verlagerte. Das half, die mir eingetrichterten Selbstzweifel zu überwinden und die Situation realistisch zu bewerten – es lag nicht an meiner Inkompetenz, sondern die Lage war der Überalterung des Betriebes und allgemeinen Marktmechanismen geschuldet. Der wichtigste Punkt aber war, zu erkennen, dass dieser Betrieb ganz wesentlich auch das Instrument meines Vaters gewesen ist, Abhängigkeit zu gestalten und seine gesellschaftliche Position als Unternehmer in der Kleinstadt zu manifestieren. Es war klar, dass er die Schließung missbilligte, da er sein Image beschädigt sah. Wieder nutze er die Gelegenheit, mich bei Freunden und Bekannten als inkompetent hinzustellen und seinen Kummer darüber zu äußern. Um der für ihn so peinlichen Situation zu entkommen, flüchtete er sich in eine medizinisch zweifelsfrei unnötige Operation, die ihn für fast zwei Monate zu Krankenhaus- und Klinikaufenthalten zwang. Er kam zurück, als alles überstanden war.

Die Abwicklung gelang gut. Dass das Schiff sinken würde, war allen Betroffenen bereits klar, als ich noch im gedanklichen Gefängnis meiner Minderwertigkeitskomplexe, der Angst vor Versagen und der Abhängigkeit von meinem Vater steckte. Mit endlich klarem Blick habe ich gemeinsam mit allen Mitarbeitern gute Lösungen und neue Arbeitsplätze finden können. Es war eine bedrückende Arbeit, die wir aber erfolgreich gemeistert haben. Mit den meisten der damaligen Mitarbeiter habe ich bis heute ein vertrauensvolles Verhältnis, einige von ihnen sind in meinem neuen Unternehmen tätig.

In dieser Phase musste ich viele Dialoge mit Paul führen, der Angst hatte, Mitarbeiter zu enttäuschen. Mischa musste ich bremsen, damit seine Wut über Opa und das verhasste Unternehmen nicht zu falschen Entscheidungen führte. Beide habe ich immer wieder in ihre Schutzräume schicken müssen, um klar denken und vernünftig handeln zu können.

Der Befreiungsschlag war riesig! Konnte ich mir im bisherigen Leben nicht vorstellen, nicht in „die Firma" zu gehen, wie es von mir verlangt wurde, hatte ich nun Ruhe, die berufliche Neuorientierung anzupacken. Zunächst kam der Gedanke, ins Ausland zu ziehen, um dort irgendwie neu zu starten. Dann traf ich aber den Entschluss, doch in meiner Heimatstadt zu bleiben. Ich wollte nicht fliehen, schaffte mir erstmalig mein eigenes Heim und baute ein Unternehmen mit den ehemaligen betrieblichen Immobilien aus. Dies ist auch geglückt. Der Prozess, ein von mir neu entwickeltes Geschäftsfeld voranzubringen, macht Freude. Ich habe ein kleines Team kreativer Mitarbeiter und genügend Freiraum, mich anderen Inhalten zu widmen, die mich nähren und begeistern wie dieses Buchprojekt.

Größere Probleme bereitete mir der Ablösungsprozess von der Familie. Die inneren Kinder bohren bis heute immer noch, wenn auch nicht mehr so häufig – Paul sucht Nähe – Mischa Vergeltung.

Distanz zu meinen Eltern ist von größter Bedeutung, da jedes Treffen schädlich, verletzend und immer enttäuschend ist. Wie sollte es auch anders sein? Ich schütze mich vor ihnen, da ich mir meiner Vulnerabilität, aber auch ihrer neurotischen Persönlichkeiten bewusst bin. Ich halte Kontakt, um insbesondere Paul zu trösten. Dies geschieht aber immer seltener, da er sich in die neue Situation – sprich unsere Familie mit mir als Papa – sehr gut eingelebt hat. Aber manchmal möchte er halt zu Oma und Opa, und diesen Wunsch erfülle ich ihm auch, allerdings nie ohne vorher mit ihm zu sprechen.

Mit der Wut von Mischa war es anders. Hier hat mir wieder einmal ein Buch geholfen: „Verzeihen" von Svenja Flaspöhler. Bereits vor der Lektüre war ich fest entschlossen, weder Hass noch Rache aufkommen zu lassen, da sie aus meiner Sicht destruktiv sind. Außerdem wollte ich mein zukünftiges Handeln nicht noch einmal von negativen Erlebnissen aus der Vergangenheit leiten lassen. Das Buch hat mich erkennen lassen, dass es nichts zu verzeihen gibt. Meine Eltern haben mich nicht mit Absicht, sondern auf Basis der eigenen neurotischen Persönlichkeitsstruktur lieblos und instrumentalisierend erzogen. Das war schlimm und lebensbehindernd. Verzeihen kann und will ich dieses nicht – gleichzeitig gibt es aber auch keinen Raum für Hass und Vergeltung. Ich kann die Vergangenheit stehen lassen, wie sie gewesen ist. Auch diesen Prozess habe ich in mehreren Dialogen mit Mischa begleitet, dessen Wut abgemildert ist.

Der von mir geschaffene emotionale Abstand zu meinen Eltern ist eine unglaubliche Erleichterung.

Der dritte, wesentliche Komplex war „Angst in allen Lebenslagen". Wie oben beschrieben, ist eine generalisierte Angststörung eine Verselbständigung von Angst. Sie ist das Grundgefühl, das immer mitschwingt, Entscheidungen und die Bewertung von Situationen beeinflusst. Der erste Schritt hat darin bestanden, mir erst einmal bewusst zu werden, dass mein Verhalten eben nicht auf einer möglichst freien oder sachbezogenen Entscheidung beruht, so, wie ich es immer angenommen hatte, sondern auf Angst.

Das war neu, und insbesondere zu Beginn der Therapie musste ich jede, mich möglicherweise beunruhigende oder verunsichernde, Situation vorbereiten und ein verändertes Verhalten üben. Sicher – dies war wiederum mit Ängsten, Unsicherheiten und inneren Widerständen verbunden. Aber Übung macht den Meister – nach und nach habe ich gelernt, dass ich sehr wohl NEIN sagen kann, Widerspruch leisten und meine Wünsche und Bedürfnisse äußern darf, ohne dafür abgestraft zu werden. Egal, ob es sich um ein Treffen mit der Familie, einen Geschäftstermin oder das Kennenlernen unbekannter Menschen handelte – jedes Mal führte ich einen Dialog mit dem Kind, das sich gerade meldete. Ich habe darin mittlerweile große Routine entwickelt und im Laufe der Zeit sind diese auch nicht mehr so oft notwendig, da mir die Kinder vertrauen und erkennen, dass ich in den meisten Fällen gut für uns alle entscheide. Heute führe ich daher ein weitgehend selbstbestimmtes Leben, da ich mich nicht mehr verbiegen, anpassen oder verstellen muss.

Natürlich ist die Angst immer wieder einmal da – besonders dann, wenn ich mit Menschen zusammentreffe, die der Persönlichkeitsstruktur meiner Eltern ähneln. Aber ich habe ein gutes Alarmsystem dafür entwickelt, wann dies der Fall ist und Gefahr besteht, dass die alte Angst getriggert wird. Auch meldet sich immer wieder einmal das Introjekt: Du musst dich anbieten, mehr leisten! Oder es stellt sich die Frage: Bin ich gut genug – kann ich das überhaupt? All das ist aber alt – ich weiß, wo diese Gefühle und Introjekte herkommen, und damit kann ich sie bändigen – sie gehören der Vergangenheit an!

Nach fast fünf Jahren habe ich jetzt auch wieder einen Partner. Der Abstand zur alten Beziehung und das Aufarbeiten meiner Erfahrungen hat Zeit gebraucht, mich auch dafür sensibilisiert, sehr genau darauf zu achten, dass mich das Gegenüber sieht, respektiert und so annimmt, wie ich bin. Unsere Partnerschaft hat sich sehr behutsam entwickelt, ist erwachsen und wir leben auf Augenhöhe miteinander – sprechen viel über unsere Bedürfnisse und Wünsche und achten darauf, dass keiner „zu kurz" kommt. Auch dies ist absolut neu – das erste Mal in meinem Leben fühle ich mich so geliebt, wie ich bin und nicht als Instrument für einen anderen Menschen. Nach vielen Gesprächen mit Paul hat auch er verstanden, dass er nicht mehr die Zuneigung von Opa suchen muss und dass Liebe ein Gefühl ist, das viel mit Geben und Nehmen zu tun hat – auf beiden Seiten! Wie es der Zufall wollte, lebt mein Freund in Berlin, so pendle ich erneut zwischen zwei Wohnorten, jedoch unter völlig anderen Vorzeichen. Jetzt schätze ich die Zurückgezogenheit in meiner Heimatstadt – die nun eingetretene Ruhe tut gut und ist hilfreich gewesen, meine Therapie zu verarbeiten und das vorliegende Buch zu schreiben. Das bunte Leben in Berlin, mein alter Sehnsuchtsort, ist nun tatsächlich die Stadt meiner realisierten Träume geworden. Hier lebe ich, ohne negative Gefühle, meine Leidenschaften mit Kunst, Kultur und einer erfüllenden Partnerschaft aus.

Das Leben ohne Angst oder, um es genauer zu sagen, mit einer verminderten Restangst ist schön und vor allem so viel weniger anstrengend! Nicht mehr zusammenzucken zu müssen, wenn eine unvorhergesehene Situation eintritt, nicht mehr die Antennen ausfahren müssen, um es dem Gegenüber Recht zu machen – was für eine Erleichterung! Und wie wunderbar ist es, endlich die eigenen Themen und Wünsche zum Lebensinhalt zu haben. Ein Ich ohne Angst!

Literaturvorschläge

Zu guter Letzt möchte ich Ihnen einige Bücher empfehlen, die mich auf meinem Weg begleitet, mir therapeutisch geholfen haben und meine Sicht auf die Welt veränderten.

Wenn Sie Genaueres über die Funktionsweise unseres Gehirns erfahren möchten, dann sind die folgenden Titel ein guter Einstieg:

„Aus der Sicht des Gehirns" und **„Wie das Gehirn die Seele macht"** von Gerhard Roth.
Die Bücher von Gerhard Roth sind generell sehr empfehlenswert, da er präzise Einblicke in den Aufbau, die Entstehung und Bedeutung einzelner Gehirnareale beschreibt. Seine Sprache ist allerdings etwas „trocken", man benötigt ein wenig Geduld, um ihm zu folgen, aber es lohnt sich!

„Biologie der Angst" von Gerhard Hüther ist ein wunderbares kleines Büchlein, das durch seine Einteilung in eine metaphorische Geschichte über eine Kleinstadt und einen medizinisch/neurobiologischen detaillierten Teil leicht zu lesen ist. Es schildert im Wesentlichen die Bedeutung und Wirkweise von Stressreaktionen auf unser Leben. Ich denke, das Buch sollte jeder einmal gelesen haben.

„Hirnforschung für Neu(ro)gierige" von Manfred Spitzer und Wulf Bertram ist ein sehr unterhaltsames, ebenfalls leicht zu lesendes Buch. In kurzen Kapiteln werden Fragen über die menschliche Natur aus Sicht der Hirnforschung humorvoll beantwortet. Es lädt zum Stöbern ein, da die einzelnen Kapitel jeweils in sich abgeschlossen sind.

„Welcome to your brain" von Sandra Aamodt und Samuel Wang ist pure Lesefreude. Die einzelnen Kapitel beinhalten praktische Tipps genauso wie interessante Geschichten. Es macht Spaß sich auf diese Weise unserem Gehirn zu nähern.

Die folgenden Bücher, sind psychologische Sachbücher:

„Grundformen der Angst" von Fritz Riemann. Wie einleitend beschrieben, stellt der Autor die Polarität zwischen irrealen, frühkindlich gebildeten und realen Ängsten bestens dar und kategorisiert diese in vier Grundformen.

„Das Drama des begabten Kindes" von Alice Miller ist ein Klassiker, der bei seinem Erscheinen 1979 jede Menge Staub aufgewirbelt hat. Nie hatte bis dato eine Therapeutin so eindeutig die Position des/der Kinder eingenommen und sie verteidigt. Ein Buch, das mich sehr berührt hat.

„Das wahre Drama des begabten Kindes" von Martin Miller, dem Sohn von Alice Miller, sorgte ebenso wie das seiner Mutter für erheblichen Wirbel. Beschreibt er doch,

Jahre nach ihrem Tod, wie sein Verhältnis zu seiner berühmten Mutter gewesen ist, und zum Entsetzen aller Miller-Fans war dies alles andere als vorbildlich. Es ist ebenso ein sehr berührendes Buch mit einer versöhnlichen, wie ich finde, vorbildhaften Schlussfolgerung. Beide Bücher sind meiner Meinung nach absolut empfehlenswert!

Diese beiden Titel, sind philosophischer Natur:

„**Verzeihen**" von Svenja Flaßpöhler habe ich in meinem Text schon erwähnt. Sie behandelt das Thema größtenteils philosophisch; der rote Faden des Buches ist jedoch ihre eigene Geschichte. Sie erzählt von den Enttäuschungen, die sie durch ihre Mutter erfahren hat und wie sie für sich über das Schreiben zu einer Lösung kam. Die Lektüre ist anspruchsvoll, aber verständlich geschrieben, auch hier lohnt sich die Mühe.

„**Warum wir unseren Eltern nichts schulden**" von Barbara Bleisch behandelt das wichtige Thema, ob es eine „Bringschuld" unseren Eltern gegenüber gibt. Diese Frage betrachtet sie im Wesentlichen aus philosophischer Sicht. Ihre logischen, zum Teil verblüffenden, Gedanken wirkten auf mich entlastend. Das Buch ist nicht ganz so leicht zu lesen, da sie mitunter sehr umfassend argumentiert. Die Lektüre ist aber meiner Meinung nach auf jeden Fall empfehlenswert.

Diese Bücher behandeln das Thema Narzissmus:

Bärbel Wardetzkis Bücher und Vorträge auf Youtube und im Handel sind eine wahre Fundgrube zum Thema Narzissmus. Ob es um Beziehung geht in **„Eitle Liebe"** oder um die Arbeitswelt in **„Blender im Job"** – sie hat das Thema durchforstet, mehrere Bücher dazu veröffentlicht und kann auf leicht verständliche, kluge Weise sowohl vortragen als auch schreiben.

„Die Narzissmusfalle" von Reinhard Haller ist ein flüssig zu lesendes Buch und gibt neben der Erklärung wie Narzissmus entsteht und welche Ausprägungen er haben kann anhand von Beispielen sehr praktische Anleitungen über das Erkennen von und den Umgang mit narzistischen Menschen. Unbedingt lesenswert, da verständlich und kurzweilig geschrieben!

Neben diesen Sachbüchern, deren Bewertung natürlich rein subjektiv ist, möchte ich Ihnen noch zwei Romane ans Herz legen, die mir viel Vergnügen bereitet haben.
Zum einem **„Kraft"** von Jonas Lüscher und „Johann Holtrop" von Rainald Goetz. Beide Antihelden sind narzisstische Musterexemplare, deren Größenwahn sehr amüsant beschrieben wird.

Außerdem möchte ich Ihnen noch **„Rückkehr nach Reims"** von Didier Eribon und **„Das Ende von Eddy"** von Edouard Louis empfehlen. Beide Autobiografien beschreiben die Implikationen einer Jugend in der Kleinstadt bzw. auf dem Lande. Meiner Meinung nach sind beide Bücher ausgesprochen wichtig, da sie die Sichtweise in Richtung soziologischer Aspekte erweitern.

Damit beende ich meine Literaturliste in der Hoffnung, dass ich Sie neugierig gemacht habe und wünsche viel Freude beim Lesen!

Danksagung

Zunächst gilt mein Dank all jenen, die mich auf dem Weg, dieses Buch zu schreiben, begleitet und bestärkt haben! Insbesondere den Freunden, die nach erster Lektüre wertvolle Anregungen gegeben und fruchtbare Fragen gestellt und damit einen wesentlichen Beitrag zu diesem Buch geleistet haben.

Ganz besonders danke ich meiner Therapeutin. Dafür, dass sie mich auf dem Weg zu einer weitgehend angstfreien Persönlichkeit und einem selbstbestimmten Leben begleitet hat. Diese therapeutische Allianz war die erste wirkliche Bindungserfahrung in meinem erwachsenen Leben und hat mir, gerade in schwierigen Therapiezeiten, geholfen, nicht aufzugeben, sondern beherzt weiterzumachen. Ihr ist es zu verdanken, dass ich die ersten Gedanken, ein Buch über meine Therapie und meine positiven Erfahrungen zu schreiben, überhaupt angepackt habe. Sie hat mich in diesem Vorhaben bestärkt, unterstützt und den fachlichen Teil über Psychologie und Neurobiologie kritisch lektoriert. Ohne sie wäre dieses Buch nicht realisiert worden.

.

FSC
www.fsc.org
MIX
Papier | Fördert
gute Waldnutzung
FSC® C083411

Zeitfracht Medien GmbH
Ferdinand-Jühlke-Straße 7
99095 Erfurt, Deutschland
produktsicherheit@kolibri360.de